Eurus

Notus

堤　未果
Mika Tsutsumi

ルポ　貧困大国アメリカⅡ

Zephyrus

岩波新書
1225

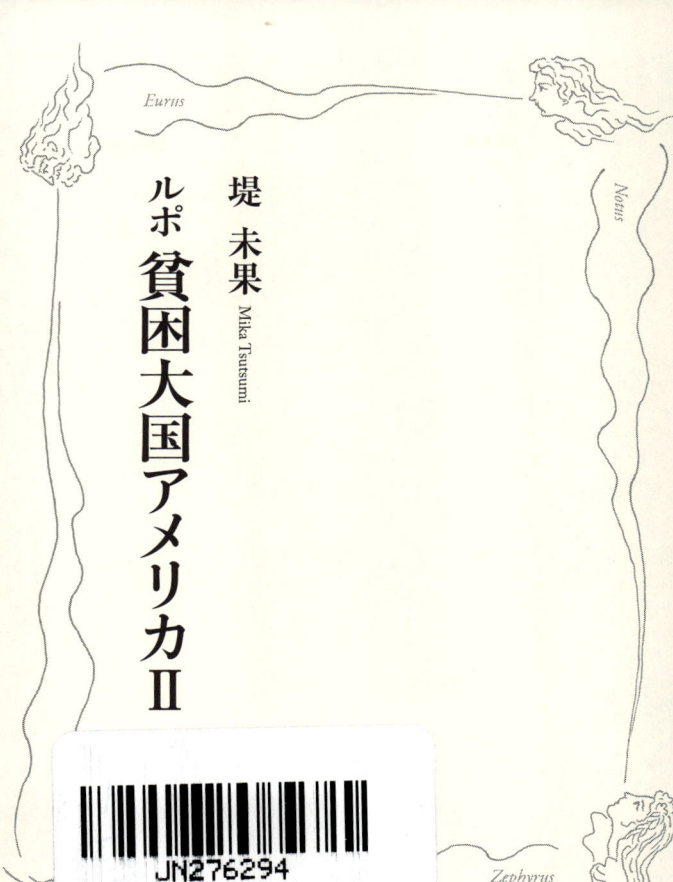

目次

目次

• 本文中の肩書きは取材当時のものである。なお、仮名を用いたケースがある。
• 一ドル＝一〇〇円で換算した。
• 本文中の写真で特に断わりのないものは、丸田りつ子氏と著者が撮影した。

プロローグ

二〇〇九年一月二〇日。

抜けるように青い冬空へのびる、白い「ワシントン・モニュメント」の周りは、二〇〇万人の群衆で埋め尽くされていた。

大統領就任式会場である連邦議事堂前の広場には、巨大なスクリーンが何カ所も設置され、正式なチケットを持っていない人たちでも、そこから式の一部始終を観覧できるしくみになっている。

彼らの姿を一秒ごとに映し出すのは、約五〇〇〇台の監視カメラだ。

広い道路には四万人以上の警官や兵士が配置されている。さらに金属探知機から各種爆弾防止装置、専用車両、爆弾探知犬、上空からの攻撃には、F16戦闘機やパトリオット迎撃ミサイルが待機し、あらゆる最高レベルの警備が準備を整えている。

気温はマイナス七度でも、集まっている人々の表情は明るかった。毛糸の帽子を目深にかぶり、マフラーを首に何重にも巻きつけ、彼らは頭上に向かって掲げたプラカードに書いてある言葉を大声で口にする。

「YES WE CAN(イエス・ウィ・キャン)!」

この歴史的瞬間をとらえようと彼らに近づいてくるのは、各地からやってきたマスコミ関係者の一行だ。

テレビカメラが彼らの姿を映し出し、レポーターがオハイオから来たという白人女性にマイクを向ける。外の冷気で頰をピンク色に染めた彼女は、興奮した口調でまくしたてた。

「今日という日を待ち望んでいました。去年の夏にサブプライムローンの利子が急激に跳ね上がったと思ったら、銀行の代理だとかいう保安官が来て、力ずくで家を追い出されたのよ。今はトレーラーハウスに住んでいるけど、仕事が見つかる当てがまったくないの。オバマなら必ずこの状況を変えてくれるわ」

彼女のケースは、この国でいま七秒半に一軒差し押さえられている家の一つにすぎない。上がり続けると言われた住宅バブル。だが、信用度の低い低所得者層向け住宅ローンが焦げつくと、差し押さえ件数の急増がこのローンを組みこんだ金融派生商品を紙くず同然にしたのだ。

二〇〇八年九月一五日、一五八年の歴史を持つアメリカ第四位の大手証券会社リーマン・ブラザーズが破綻。その翌日、欧米格付け会社は次々と格下げを発表し、世界中の株式市場は大暴落となった。主要六銀行は金利を下げ、前FRB議長のアラン・グリーンスパンはこれを「一〇〇年に一度の金融危機」と表現、アメリカ政府は七〇〇〇億ドル(七〇兆円)の公的資金を金融機関救済のために投入した。

だが、住宅価格は下降を続け、彼女のように家を失い追い出される国民の数は膨れ上がっている。

失業率は二〇〇九年一〇月に過去最高の一〇・二%を記録し、仕事と同時に会社提供の医療保険も失う人々の数は増える一方だ。

シカゴから電車で一七時間かけて今日の就任式を見に来たという白人の男性は、失業して医療費の請求を払えずにいたところ、取り立て業者が毎日脅しに来るようになったと言う。

「これ以上払わないと刑務所行きだというのです。高すぎる医療費が不良債権化して、市民を犯罪者にする。狂ってる

オバマの就任式を祝う人々(AP Images)

でしょう？　医療保険業界がもうけすぎているとしか思えない。最後の希望をかけてオバマに投票しました。これからは大きく変わりますよ。だって彼は二〇〇三年から、国民皆保険制度を公約にしているんですから」

二〇〇三年六月、イリノイ州上院議員だったオバマは労働組合の総会で、医者と患者の間に存在する医療保険業界を排除する「単一支払い皆保険」を実現すると宣言していた。

無保険者の増加はまた、病院の経営悪化を引き起こす原因でもある。一つの病院が破産すれば、行き場のなくなった無保険者は、同じ地区にある病院に負担としてのしかかり、地域全体の医療崩壊につながってゆく。

先月、人員削減でスタッフが半分に減ったというニュージャージーに住む州立病院の勤務医は、オバマに医療現場の改善を期待して一票を投じた一人だ。

「不景気で売り上げが伸びたのは、収入が減ったり失業した男性のパイプカット手術くらい。ほとんどの病院が負債を抱えて、次々に倒産しています。オバマにはぜひ、私たち医者を過労死や鬱《うつ》病から救い出してほしい」

フィラデルフィアから二時間かけて高速バスに乗ってきたという黒人の帰還兵は、史上初の黒人大統領の誕生は、この国の歴史を大きく変える希望だと言う。

「こんな日が来るなんて信じられないよ。キング牧師の夢をオバマが引き継いだんだ。最近、僕の周りでまた急に入隊する若者が増えている。だって、彼は今日から一六カ月以内のイラク撤退を公約にしているからね。毎月一部隊ずつだから、今入隊してもすぐ帰国できるはずだ」

前著『ルポ　貧困大国アメリカ』(二〇〇八年)で明らかにしたように、ブッシュ政権下で跳ね上がった軍事費のしわよせは、社会保障費の大幅削減となり、拡大した貧困層の多くは、教育や医療、最低賃金を求めて軍に入隊している。

また、予算削減などにより高騰する大学費用と医療費で破産した人々や、家を差し押さえられた人々は、高給派遣社員となってイラクやアフガニスタンの戦場に派遣されてゆく。「経済徴兵制」が戦争を支え、そこで利益を得る事業主たちがビジネスの継続のためにあらゆる働きかけをおこなうというループができているのだ。

戦場から帰国したそれらの人々は、社会保障の未整備と失業率の高い社会のなかで受け皿もなく、ホームレスになる者も少なくない。帰還兵の自殺率はすでに戦場での死亡率を超えている。そうした状況のなか、イラクからの撤退計画を明確に打ち出したオバマは、人々に戦争経済終焉のイメージを抱かせた。

アムネスティ・インターナショナルのスタッフで、拷問反対の運動を続けている市民運動家の一人は、就任したらグアンタナモ収容所とアブグレイブ刑務所を閉鎖するというオバマの言葉を聞いた時、涙があふれたという。

「世界中にあるアメリカの秘密収容所で、何の罪もない人々が裁判の権利も与えられず、無期限に拘束されています。少なくともこの二つの収容所が閉鎖されれば、この国は大きな一歩を踏み出すでしょう」

「テロとの戦い」という新しいキーワードが国中に出回るとともに、議会で十分な議論なしに拙速に成立した「愛国者法(Patriot Act)」は、一般市民に対し電話の盗聴、電子メールの傍受等をする権限をＦＢＩ(連邦捜査局)に与えた。テロとの関連があるとされた人間は、逮捕令状なしに拘束され、国外の収容所に移送されて、拷問を受けているという報告が、アムネスティによってなされている。

「落ちこぼれゼロ法」という教育改革により激化した競争は、過剰労働とプレッシャーで心身を病む教師を急増させ、教育予算の削減が加速させた学費の高騰が、学生を苦しめてきた。返済が滞った学資ローンが不良債権化し、金融機関に追われているというサンフランシスコの大学生は、オバマは若者の味方だと熱っぽく語った。

「学びたいと思って学校に行ったのに、いつの間にか膨れ上がった借金から逃げる毎日になってしまいました。教育が何より大切だというオバマの演説を聞いて、この日を待っていたのです。僕の利子はいま年に三〇%で、一生返せそうにありません。大統領に就任したら、真っ先に学費の値上がりにストップをかけて、僕たち若者を助けてほしい」

今回の大統領選挙で、オバマは数々の伝説を残したが、その一つに、政治離れした数百万人の若者を投票所に向かわせたことがある。

二〇代前半のオーガナイザーとしてオバマの選挙キャンペーンを中枢で盛り上げた、ワシントン在住の大学院生はこう語る。

「素晴らしい体験でした。友人の誘いで初めてオバマの演説を聞いた時、体中に電気が走ったんです。オバマの語る言葉の一つ一つは、温かく情熱的で、そこにいる若い私たちをわくわくさせる力に満ちていました。この人なら、と思ったのです。私は早速、選挙キャンペーンのボランティアに応募しました」

「オバマ・キャンペーンの魅力とはなんでしたか?」

「オバマはアメリカ中の各地区で若いオーガナイザーを任命しました。つまり、私たちがその地区を仕切るのです。地区ごとの成果はネットで随時公開され、いい意味で対抗意識を刺激された私たちは夢中になりました。政治にこんなに熱くなれるなんて……。何よりこの選挙の主役は自分たちなんだという気持ちが、自信をつけさせてくれたのです」

一方で、オバマに対して懸念を示す声もある。

第三党から出馬した大統領候補のデニス・クシニッチは、オバマ候補がイラク戦争に反対したものの、戦争補正予算には繰り返し賛成票を投じている事実や、この戦争の熱心な支持者であったジョセフ・バイデンを副大統領に任命したことを指摘した。緑の党のシンシア・マッキーニーは、オバマが家を差し押さえられた

大統領選挙のあり方を批判する
ラルフ・ネーダー

住民ではなく、ウォール街の救済を積極的に推進した事実を批判した。

アラスカから出馬したマイク・グラベル上院議員が主張したのは、アメリカはオバマが最優先する「テロとの戦い」よりも、外交政策を見直すべきだというものだ。

無所属で大統領選に立候補した、消費者運動で著名な弁護士のラルフ・ネーダーは、オバマに献金している業界や周囲にいるブレーンの顔ぶれが、ブッシュ政権とそれほど変わりがない事実を取り上げて、こう言った。

「耳に心地よいスローガンよりも、七億五〇〇〇万ドルの選挙資金の出所をチェックすれば、

就任後の彼の方向性がブッシュ政権の継続になることは火を見るよりも明らかだ。小口献金は四分の一にすぎない。見なければならないのは、残り四分の三を占める大口献金リストの方なのだ」

だが、こうした二大政党以外の候補について、メディアの取り上げ方はお粗末だった。政権交代というドラマにのみ焦点が当てられ、それ以外の候補者はほとんど公開討論会から締め出され、その声は大半の国民には届かなかった。

史上最大額と言われる選挙資金の大半が費やされたメディア広告の力は絶大だ。人々の眼には、国中どこへ行っても見られるオバマの姿が焼きついていったからだ。ネットには、オバマ・チャンネルが開設され、人気の高い各種ビデオゲームには、オバマ広告が挿入された。CBSやNBC、FOXなど各放送局のゴールデンタイムの三〇分は、投票日の六日前からオバマ広告用に押さえられ、高視聴率のワールドシリーズの放送開始時間までずらされたという。

数々の賞を受賞している国際ジャーナリストのジョン・ピルジャーは、こうした選挙戦の様相を、「本当にわくわくする瞬間は、いつもバーチャルなマーケティングによって作り出されてきた」と表現した。彼の予想通り、この「オバマ選挙」は二〇〇八年に、前年一位のアップル社をしのいで、マーケティング大賞を受賞している。

だが、暗黒の八年と呼ばれるブッシュ政権下でうんざりしていた国民は、批判や警告よりも、目の前にさしだされる希望のほうに手をのばした。ハンサムで長身、抜群にうまいスピーチで理想を語るオバマとともに夢を見る方が、未来に対してずっと明るい気持ちになれる。

政治評論家たちの直前予想も、大半はオバマの圧勝と上下両院での民主党勝利を出していた。彼なら大丈夫、きっとアメリカを変えてくれる。そしてオバマはそんな国民に対し、望み通りの言葉を返してゆく。

「ええ、私たちにはそれができるのです(イエス・ウィ・キャン)」

二〇〇九年度のアメリカの軍事予算は六〇〇〇〇億ドルだ。金融機関救済のための公的資金七〇〇〇億ドルも、同年新たに破綻する一〇〇万件のサブプライムローンによってさらに増額が予想されている。

「泥沼化したイラクとアフガンでの戦争」と「金融危機」、「拡大する貧困層」に、増え続ける「医療難民」、失業者、ホームレス……。先進国でありながら、あたり前の暮らしができない国民が急増し、社会の土台が崩壊しつつあるアメリカ。

チェンジを求める、二〇〇万人の参加者とテレビの前にいる全国民の期待を受けた、第四四代アメリカ大統領の力強い声が会場いっぱいに響き渡った。

第1章
公教育が借金地獄に変わる

32% もの学費値上げに抗議するカリフォルニア州立大学の学生たち(San Francisco Bay View, 2009 年 11 月 23 日)

爆発した教師と学生たち

二〇〇九年一一月二三日、カリフォルニア州立大学(UC)のキャンパスで、何千人という学生たちが建物を占拠する映像が全米に流れた。

武装した警官とにらみあう学生たちが、大声を上げながら理事たちの車を取り囲み、「大学民営化反対」「役員ボーナスをカットしろ」「教育をマネーゲームにするな」などのプラカードを掲げて、通りを行進する姿だ。

一人の学生は、現場でラジオ番組のインタビューに答えて、こう言った。

「もうこれ以上我慢できません。学費を払うために、すでに仕事を三つ掛け持ちしているんです。授業料だけで年間一万ドル(一〇〇万円)を超えてしまう。とても無理です」

今回、UCが発表したのは、年間三二%の授業料値上げだ。

抗議行動に参加していたある教師は言った。

「それだけじゃありません。学校側は五億三五〇〇万ドル(五三五億円)の財政赤字を埋めるためだと言って、教員二〇〇〇人の解雇と、授業数の削減もするつもりでいるんです。すでに教員の給与は半額にされているのに」

この抗議行動が起きる数日前、ロサンゼルス・タイムズ紙は、カリフォルニア州の二〇〇九年度および二〇一〇年度の財政赤字合計額が二一〇億ドル(二兆一〇〇〇億円)に達する見通しであることを報じている。

警察が校内に何日も立てこもった学生を引きずり出して殴打、一〇〇人近い学生が逮捕されるというこの事件は、全米に衝撃を与えた。

学費値上げに反対するカリフォルニア州立大学バークレイ校の学生たち(San Francisco Bay View, 2009 年 11 月 25 日)

同州における教員と学生の抗議行動は、二〇〇九年になってから急激に増えている。

九月二四日には、全UCがいっせいに授業を放棄した。こちらも、州政府による教育予算削減、教員の解雇と賃金カット、そして学費の値上げに対しての抗議行動だ。カリフォルニア大学学生協会(UCSA)やUCバークレイ連合、全米大学教授協会(AAUP)、全米大学職員労組(UPTE)など、多くの団体が参加した。その一つであるUPTEのメンバー、ボブ・メイヤーはその時のことをこう語る。

「各大学での集会や参加者が全州から結集するデモはこれまでもありましたが、全UCが一度に大規模な抗議行動をとったのは初めてでした。その日、各キャンパスでは、教員もスタッフもみな授業を放棄することで一致したのです」

国内メディアの多くは、教員や学生たちのこうした抗議に対して批判的な論調だ。

サンディエゴ・ユニオン・トリビューン紙は、学生たちは現実を直視するべきだという厳しい論説を載せている。経済危機のせいで莫大な財政赤字に直面した理事たちにとって、今回の値上げがいかに苦渋の選択であったか、公務員である教員やまだ社会経験のない若者にはわからないのだ、というものだ(*The San Diego Union Tribune*, Nov. 20, 2009)。

だが、本当にそうだろうか。

二〇〇七年九月にUCバークレイ校の公開理事会に参加したという、同校卒業生で州環境局職員の一人は、大学側が学費の値上げや教員のリストラをおこなう理由が財政危機だというのは事実ではないと指摘する。

「UCの副校長が出てきてこう発表したのです。UCの本年度における寄付金総額は、三五億ドル(三五〇〇億円)だと。そして、翌年の見込み額はさらに多い六〇億ドルだと言いました。

カリフォルニア州の財政が危ないというニュースは聞いていましたが、UCの卒業生と企業からの寄付金総額はむしろ増え続けています。なのに、ＵＣは二年間で、学費を七九％も値上げしている。あのひどいスキャンダルに反省もなく、むしろエスカレートしている彼らの態度に怒りがこみあげてきました」

スキャンダルとは、ＵＣの予算配分に関する内容だ。

その年、ＵＣのダインズ校長が数人の役員に対して、ＵＣの総予算の一二％にあたる総額八億五〇〇〇万ドル（八五〇億円）のボーナスを出していたことが発覚。この問題は大学のスキャンダルとして各メディアに大きく報じられている。

「ハリケーン・カトリーナの時と同じです」

そう言うのは、ＵＣＳＡのメンバーで、現在ＵＣサンタクルズ校に通うアレックス・カーテイスだ。

「あの時、ルイジアナの州議会は、人々が災害のショックで呆然となっている間に、破壊された公立学校を民営化しました。今回はリーマン・ショックによる財政危機が、大学側の言い訳に使われているんです」

「税収が足りない時に、社会保障や教育予算を削減するということですか？」

「確かに、「対テロ戦争」で軍事費が増えた分、教育予算は減らされ続けています。でも、僕たち学生が今苦しんでいるこの状況は、それとはまた別の問題ですね。ずっと大丈夫だと信じていたことが、ある日突然一八〇度変わってしまう。自分が泥沼にはまりこんでいるのに気づいた時にはすでに手遅れ、という感じなのです」

リーマン・ショック以降、税収が大幅に落ちこんだアメリカ国内の自治体は、社会保障を中心にさまざまな予算削減政策をとっている。

だが、金融危機が起こるずっと前から、アメリカの公教育を土台から崩す動きが進行していたことに、多くの国民は気づいていなかった。

猛スピードで大学費用が膨れ上がる

住宅ローンと学資ローン。今アメリカで多くの人々を苦しめているこの二つは、崩れゆくアメリカン・ドリームを表すコインの表と裏だ。

中流階級にとって最も大きな夢であるマイホーム、そして誰にも開かれた教育という二つが、借金地獄という底なし沼となり、人々を飲みこむことになるとは、いったい誰が予想しただろう?

かつてアメリカでは、公教育は「社会的資産」であり、教育を受ける側だけでなく社会全体の利益になると見なされていた。

学校は経済的な心配なしに自分自身を見つめ、自由に好きなことを学べる場であり、誰にでも与えられるチャンスの一つだったのだ。

公教育の父であるホレース・マンは一九世紀半ば、「教育とは人間が考え出したどんな知恵よりも人々の平等を実現する、社会の偉大な平等化装置だ」と表現し、無償教育の重要性と経済効果を訴えた。

だが、彼の言う偉大な装置は、ある時から急激に力を失い、今やアメリカの学生たちを脅かすまったく別の存在に変わりつつある。

息子がイラクで戦死したシンディ・シーハンは反戦運動家としてブッシュ政権を批判し続けた(AP Images)

二〇〇八年、公教育の重要性を掲げて、サンフランシスコから下院議員に立候補した反戦運動家のシンディ・シーハンは、アメリカの公教育の変化についてこう語る。
「性別や経済状況にかかわらず誰にも平等に与えられるはずの教育は、いつから狂ってしまったんでしょう。私が学生だった頃、通っていた州立大学の学費は無料でした。今、UCに行った私の娘と息子は、それぞれ四万ドル以上の学資ローンを抱えています。一八%というクレジットカード並みの利息でね」

アメリカの高等教育が急激に拡大していった背景は、一九六〇年代から七〇年代にさかのぼる。それぞれの大学には、将来の就学人口減少も視野に入れた教育の質の向上が求められ、七〇年代後半からは授業形態も拡大、女性やマイノリティ、成人した学生の入学が増えていった。女性に高等教育の門が開かれた時代に生まれたシンディたちは、親や国に背中を押され、次々に大学を目指していった世代だ。

アメリカの大学の収入源は大きく分けて五つある。

連邦政府からの拠出金、州政府からの補助金(州立のみ対象)、学生からの授業料、大学の基本資産を運用して得た収入、そして学校関係の商品の売り上げだ。

支出の約七五%は人件費が占めている。

全米の大学教授の給料を公開している全米大学教授協会(AAUP)のデータによると、たとえば、UCバークレイ校で准教授の二〇〇七年度の年収は七万七〇〇〇ドル(七七〇万円)、教授は一七万五〇〇〇ドル(一七五〇万円)となっている。

「一番高いのは人件費ですか?」

そう聞くとシンディはため息をついた。

「そうです。かつて大学は学問の聖域とみなされていました。ですがそれが一種の治外法権となって、自分たちの都合のいいように運営をする学校が出始めたのです」

一九八〇年代後半に州の財政が厳しくなり始めた時、大学側は人件費を削る代わりに学費を上げ始めた。

「当然です。大学側はいろいろな面でレベルを落とすわけにいきませんから」

州立大学も学費が値上げされ，私立大学化が進む

そう言うのはUCの職員の一人、デイビッド・ヒルトンだ。

「まずは教員の知名度です。どこの大学でも人気のある教授は取り合いになります。しかも大学教授という職業は流動性が非常に高く、いつ、もっと条件のいい大学に移られるかわからない。金融論などの分野の教授だと、准教授の報酬だけで年一二万ドルはかかります。学生を集める看板教員たちの報酬が上がる一方で、教員数とプログラムは縮小されていますがね」

教授のヘッドハンティングと、大学にとってもう一つ別な収入源である連邦政府などとの研究契約は、深く結びついている。

教員の知名度が高ければ高いほど、外部からの研究資金獲得率は上がるため、教員の賃金報酬を高くすることは、研究費獲得のための投資として非常に重要な要素なのだ。

「この競争の勝敗を左右するのは、資金力以外の何物でもありません。有利なのはハーバード、イェール、プリンストンやＭＩＴ（マサチューセッツ工科大学）などの裕福な私立大学です。それ以外の私立は不利、公立などは初めからチャンスがありません。トップクラスの教授は、みんなこれらの大学が持っていってしまうからです」

大学が評価されるものさしは、教授の顔ぶれだけではない。州立大学の教育や研究の成果は大学ごとに比較され、納税者である州民に公開されている。

また、専門団体がおこなう大学の評価制度もある。

一九九〇年代以降は教育条件だけでなく、全国共通の評価基準が設定され、教育の質よりも成果についての評価がより重視されるようになっていった。

国からの公的予算削減が大学の経営悪化に追い打ちをかけた。

州の教育費支出が限界に達していくなかで、大学は競争に勝ち抜くための自助努力を求められるようになった。州政府の力が強いミシガン州などの地域を除いては、多くの大学は教育レベルを維持するために授業料の値上げで対応している。

学費の上昇率は年々加速し、一九九〇年以降は毎年五〜一〇％というスピードで上がり始めた。もともとアメリカの学費は、毎年約二％というインフレ率の上昇に伴い上がってゆくが、インフレ率を学費の上昇率が追い越した時から、教育費の支出が中流家庭を直撃し始めたのだ。

ニューヨーク州立大学のアカデミックカウンセラーであるバーバラ・ウトルズは、授業料の値上げが学生たちに与える負担についてこう話す。

「学生たちは奨学金やローンなど何らかの形で学費を借りています。借入額の平均は四年制大学で二万ドル（二〇〇万円）ですね。九〇年代以降、世帯収入が上がらないのに学費だけすごいスピードで上昇を続けたため、貧困家庭だけでなく中流家庭の学生たちにとっても負担が重くなってきました。地域経済の悪化と授業料高騰のダブルパンチが、ごく一般的な家庭を襲ったのです」

高校生たちは州内外の大学から引く手あまただ

アメリカ国内の大学生の七六％が通う公立大学の学費を一九九五年と二〇〇五年で比較すると、一〇年間で五九％上昇している。

また州立大学は、学生の住む場所が州内か州外かで学費が数倍変わるしくみだ。

アメリカの大学や短期大学、各種学校などが加盟する非営利団体カレッジ・ボードの報告書によると、たとえば、UCバークレイ校では二〇〇七年度の州民の学費が四二〇〇ドル(四二万円)なのに対し、州外の学生だと一万四〇〇〇ドル(一四〇万円)と、三倍以上になっている。

「不況下で国は教育のための予算を削りますから、UCのようにそれ以外の収入源を持つ大学を除けば、生き残るために授業料を高く取れる州外からの学生を一人でも多く集めようとします。そのためには、わざわざ州外からやってくる価値があると思わせなければいけません」

「知名度の高い教授を獲得できなかった大学は、他にどんな方法で学生を惹きつけるのですか?」

「設備投資です」

たとえば、ボストンの私立シモンズ大学では、二〇〇九年に総工費三二〇〇万ドル(三二億円)をかけて敷地面積六二〇〇平方メートルの新校舎を設立した。

しかし、もともと知名度が低いうえに、授業料を値上げしたことが裏目に出た。経済不況下では、学生たちは豪華設備よりも授業料の安い大学に流れるからだ。

二〇〇八年の同大学の授業料は、全米私立大学の平均三万四一三二ドル(約三四〇万円)より二割以上高い四万一五〇〇ドル(四一五万円)だった。

二〇〇八年秋、格付け会社のムーディーズ・インベスターズ・サービスとスタンダード・アンド・プアーズ（S&P）は、赤字を見越してシモンズ大学が発行する学校債の投資格付けを1レベル引き下げた。これを受けて大学側は、二〇〇九年度の授業料と寮費をさらに五％値上げしたが、同大学の変動金利型学校債はすでに一〇〇〇万ドルの損失を出している（Bloomberg Data 2008）。

ペンシルバニア州にあるフランクリン・アンド・マーシャル大学の学長を経て、現在は経営コンサルタントをしているリチャード・ニードラーは、全米六七八大学の財務状況を分析した。その結果、現時点で二〇七の大学が長期運営可能な資本を持たない危機的状況にあるという（Bloomberg, May 11, 2009）。

「最新式のフィットネスクラブやお洒落なカフェテリア、寮の部屋につけたさまざまな設備、授業のハイテク化など、大学側は学生を集めるためにさまざまな工夫をします。これらの特典はすべて、全米の大学格付け表の評価対象になるからです。シモンズ大学は特別な例ではありません」

なかでもハイテク化は、投資額に対するリターンがそれほどないのに、大学間の競争に拍車をかけているのだと、バーバラは言う。

「クラスにノートパソコンを入れたり、オンラインで授業を受けられることが教育の質を上げると思い込んでいる大学上層部が多すぎます。むしろ高すぎる授業料が学生たちを苦しめ、教育そのものの質が劣化していることこそ問題なのです」

「そんなに大規模に投資する危険を大学側はどう考えているのでしょう?」

私が聞くと、バーバラは苦笑しながら首を振った。

「私から見れば、大学は投資家としては初心者レベルですね。特に国全体が浮かれていたバブル期の投資の仕方は異常でした。あの頃、金融トレーダーたちにおだてられ、いい気になって危険な投資に手を出した大学幹部がとても多かったのです。

そうやって無理な投資をして借金を抱えこみ、破綻してゆく大学がいま全米でどんどん増えています」

広がる大学間格差

バーバラの言う通り、全米で多くの大学が校舎建設などで抱えた債務に苦しんでいる現実は、不況で寄付金収入が激減した今、さらに加速している。

だが、そうした状況も、アメリカ東部にある世界屈指の私立大学群であるアイビーリーグ校

（ブラウン、コロンビア、コーネル、ダートマス、ハーバード、プリンストン、ペンシルバニア、イェールの八大学）には関係がないようだ。

これらの大学は学費と寮費だけで年間七万ドル（七〇〇万円）以上かかり、高い学力を持つ富裕層の学生が多く集まってくる。さらに、アイビープラスと呼ばれる世界最高の研究大学群（マサチューセッツ工科、スタンフォード、デューク、シカゴ、カリフォルニア工科、ジョンズ・ホプキンスの六大学）は、研究内容や教授の顔ぶれ、資金力に至るまで世界でもトップレベルを誇っている。

カリフォルニア州サンタバーバラのコミュニティ・カレッジで講師として働くアイーダ・ブルックは、こうした大学の存在をこう語る。

「不況下で全米の大学が経営難だなどという、そんな単純な構図ではないのです。アメリカ全体の学生数からすれば一％にも満たないアイビープラスが支出を膨らませている。最も深刻な問題は、急激に広がっている有名校と公立大学の間の格差なんです」

力の差は寄付金の集金力にも表れている。二〇〇八年度の大学への寄付金増加額の上位五校はアイビープラスで占められ、トップのスタンフォード大学では、二〇〇六年に大学としてはアメリカ史上最高の九億一一〇〇万ドルの寄付総額が報告されている。

ハーバード大学は学費負担を抑えて優秀な学生を確保する目的で、二〇〇八年度から授業料を大幅に減額することを発表した。年収一八万ドル（一八〇〇万円）までの家庭を対象に、年収の一〇％にあたる学費を減額するというもので、大学への寄付金をもとにした大学運用基金が財源だ。

トップクラスの大学の場合、卒業生の多くが一流の研究者やビジネスマン、金融業界にコンサルタントなど、年収二〇万ドル以上の層となる。卒業後に高収入を得ることが見込まれる彼らから、いずれ多額な寄付金となって戻ってくることを考えると、大学としては非常に有効な投資なのだ。

ハーバード大学に対抗してイェール大学も、年収六万ドル（六〇〇〇万円）以下の家庭を対象に家庭負担分の学費を実質ゼロにすると発表している。

だが、こうした一流大学に入れるのはほとんどが一握りの富裕層だ。入学願書には両親の年収を書く欄があり、家柄や経済力も合否判断の対象として考慮される。

さらに入学するためには、高校の成績が地域トップクラスだったり、SATと呼ばれる大学入学試験でもかなりの高得点が必要になる。

その結果、高級住宅地区に住んで高額の税金を払い、子どもを博物館や音楽会に連れてゆき、さらに一流の家庭教師をつける経済力を持つ親の子どもと、そうでない子どもの格差は年々拡大してゆく。

ここ二〇年の間に、こうした大学への一般家庭出身学生の入学はほぼ不可能に近いと言われるようになった。

アイビーリーグの一つであるペンシルバニア大学への入学がかなわず、同じペンシルバニア州のマンスフィールド大学に通うマーサ・ヘリングは言う。

「成績さえ良ければ、誰でも希望の大学に入れるというのは幻想よ。もちろんどこの大学でも平等をうたって表向きはそう言うけれど、現実は年々減らされる限られた奨学金の枠をめぐって、すべての層が競争させられるの。

成績が良ければ家が貧しくなくても援助がもらえるシステムは、どこかおかしいと思う。特権階級を拡大させ、本当に援助が必要な学生は競争からこぼれおちてしまうから」

一流大学であればあるほど、学生の経済状態は均一化されてゆく。マーサの目指したペンシルバニア大学のような一流校では、中流以下の層から来た学生の占める割合は一〇％以下なのだ。

一方、公立大学では、大学間競争の激化と不況によるさらなる経営悪化から、入学希望者の奨学金返済能力も合否判断に加える大学が増えており、教育格差をいっそう深刻なものにしていると、アイーダは言う。

「富裕層の人間だけが質の高い教育を受けられ、上位にいる大学だけに資金が集中し、その資金は短期間で利益を出すプロジェクトや一握りの学生確保に優先的に回される。競争には想像を超えた出費が必要とされ、それが集められない大学は敗者となって消えてゆくのです。いったい大学はいつから、マネーゲームの参加者になったんでしょう?」

縮んでゆく奨学金、拡大する学資ローン

一九七〇年代、すべての国民が大学に行けるようにという理念の下で、奨学金、学資ローン制度が始まった。

学生たちは通常よほど親が裕福でない限り、さまざまな形の学資援助制度を利用する。

だが、全学生の四割以上が利用する連邦奨学金制度は、授業料の高騰のため、学生側にかかる負担が年々増大しているのが現状だ。

ニューヨーク州立大学で教育学を専攻するデイビッド・ボールドウィンは、ペル奨学金と呼ばれる返済不要の低所得者用公的奨学金を利用しているが、それだけでは足りないため不足分

を民間の学資ローンで補っている。

州内に住んでいるため、費用は授業料とその他経費を合わせて年間一万四～五〇〇〇ドル（約一五〇万円）だが、ペル奨学金から支給されるのは三二五〇ドル（約三二万円）で、全体の二割しかカバーされないという。

「夏休みに東南アジアを貧乏旅行した時、現地の学生から、アメリカは奨学金制度が充実していて羨《うらや》ましいと口々に言われました。

とんでもない、今は昔と状況が違うってことを説明しましたよ」

だが、アジアの青年たち以上にそのことを理解していないのは実は自分の両親なのだと、デイビッドはため息をつく。

第二次大戦を戦った彼の祖父は、復員後に奨学金で大学を卒業する。のちに米国史上最も広範な中産階級を形成したと言われる、フランクリン・ルーズベルト大統領が署名した復員軍人援護法（GI Bill）によって、彼の授業料はすべて奨学金でカバーされていた。

中間層の拡大をベビーブームが後押しし、公民権運動が盛んだった一九六〇年代に公立大学は全米に拡がってゆく。

拡大する中間層の支持を得る目的も含め、平等な教育を優先政策の一つに掲げた政府が貧困層の学生を対象に導入したのが、ペル奨学金だった。

「父親が学生だった七〇年代後半もそうです。政府のペル奨学金は父親の学費の七割をカバーしていました。だから僕たちの親の世代は、子どもの教育費のために貯金なんてしていません。

平等な教育は当たり前の権利だと思われていた時代に育った彼らは、僕たちをやる気のない世代だと批判するので、父親とはいつも喧嘩《けんか》になります。

でも、この公的奨学金の一番の問題は、毎年上昇するインフレ率や、それを追い越す速さで高騰する授業料にまったく対応していないことなんです。今では平均でも学費の三三％しかカバーしていません。僕らの世代は、初めからスタートラインが違うんですよ」

学資ローン制度の誕生とサリーメイ

学資ローンは、もともと一九六五年にジョンソン大統領による高等教育法の改正によって作られた制度だった。

さまざまな形の奨学金と、民間金融機関のローンを政府が再保証する学資ローンの登場によって、国の教育援助額は急激に増大してゆく。

これを受けて一九七二年にニクソン大統領が導入したのが、金融機関から学資ローン債権を買い取る学生マーケティング機構、通称〈サリーメイ〉だ。

運営資金も監督責任も一〇〇%財務省の管轄であるサリーメイは、銀行や大学に学資ローンの提供を奨励し、それらの債権を買い取っていった。

だが奇妙なことに、完全国営のはずのサリーメイの株はこの時期に公開され、取締役の三分の二は株主で占められるという体制ができた。リーマン・ショックの際に税金によって救済された、米国連邦住宅抵当金庫「ファニーメイ」と同じように。

この株式公開がのちにサリーメイを、学生たちを飲みこむ巨大な怪物に成長させることになる。

一九七四年、ペンシルバニア大学のゲイリー・ジョンソン教授とラリー・レスリー教授の二人は、この学資ローン制度に致命的な欠陥があると指摘する内容の論文を発表し、こんなふうに指摘した。

「本来、すべての国民に教育の機会を与えるという目的のこの制度が、国が教育予算を減らし、大学に学費を上げさせ、それを払うためにローンを組む学生たちに負担が押しつけられるという逆の結果を生み出している」

そして現実は、彼らが危惧した方向へと進んでゆく。

カリフォルニア州知事時代から自由主義と規制緩和を掲げていたレーガン政権が誕生すると、公的教育予算は一二％から六％と半分に減らされ、代わりに学資ローンの限度額が引き上げられた。

レーガン大統領の教育に対する姿勢は、「国益をもたらす、未来の人材への投資」ではなく、「個人に利益をもたらす、個人投資」だった。

教育がもたらす恩恵は、社会全体ではなく本人やその家族にとってのものであり、したがって教育は住宅や車のローンと同じように「自己責任」にするべきだという発想だ。

この頃サリーメイは、その時点で四九〇億ドルの巨大市場と化した政府保証学資ローンのうち三分の一を所有、着々と成長を続けていた。

だが、政府からの補助金を受けて利益を伸ばすサリーメイに対する批判の声が高まり、一九九三年にクリントン大統領は、学生が国から直接融資を受けられる「政府直接ローンプログラム法」に署名した。学生たちは利子の低い政府直接ローンプログラム（ＦＤＬＰ）に殺到、わずか二年のうちにＦＤＬＰが市場の三四％まで拡大する一方で、サリーメイの市場価値は五〇％下降する。

一九九五年、サリーメイのCEO(最高経営責任者)に就任したアルバート・ロードは、これに対する反撃を開始した。

彼は手始めにサリーメイを完全に民営化し、学生たちに政府を通さず直接ローンを貸し始めた。そして全米の各大学に多額の寄付をおこない、ローンの相談窓口で学生たちにFDLPではなくサリーメイのローンを組ませるようアドバイスさせた。

サリーメイの新規ローン加入者数が多い大学には特別ボーナスを出し、校長や役員たちは高級ゴルフクラブで接待、さらには自社株購入権まで与えた。これは魅力的な特典だった。一九九五年から二〇〇〇年の五年間で、サリーメイの株価は一七〇〇%も上昇していたからだ。

学生に渡される民間の学資ローンのパンフレット．中央がサリーメイ

その結果、大学の学資ローン・アドバイザーたちは、こぞって学生たちをサリーメイのローンに加入させ、利子が安く借り手にとって好条件のFDLP利用者は減っていった。

市場でのシェアが再び回復し出すと、サリーメイはさらにFDLPそのものを骨抜きにするよう、多額の献金やロビー活動を通して議会に圧力をかけてゆく。

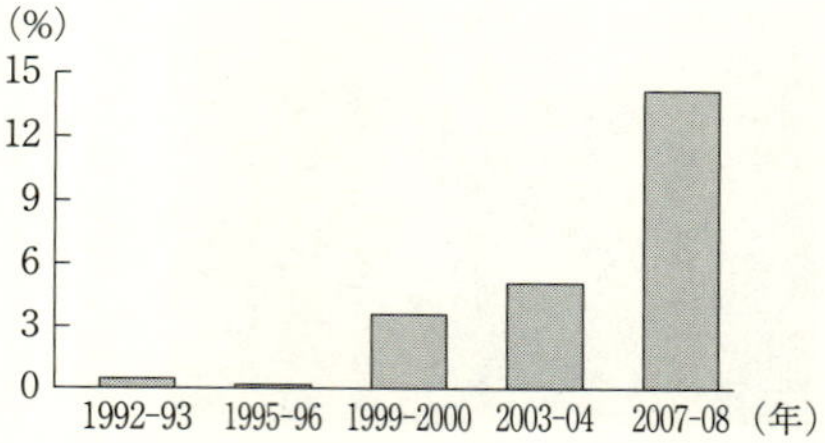

民間の学資ローンを借りる学生数の割合
（アメリカ教育省データ）

ブッシュ政権下で、議会はＦＤＬＰ予算を凍結してサリーメイへの補助金を拡大、政府運営の直接ローンと、民営化されたサリーメイのローンの立場を完全に逆転させた。

二〇〇六年、予算を減らされ加入者を奪われたＦＤＬＰの市場シェアは一九％まで縮小、その間にサリーメイは、ローンだけでなく保証会社や債権回収機構など、学資ローン関連事業をすべて買収し傘下に収めていた。もはやサリーメイに対抗できる相手はいなくなっていた。

二〇〇五年、サリーメイはフォーチューン誌の選ぶ全米トップ企業ランキングの第二位に躍り出る。

教育という新しい市場を支配する新進気鋭の独占企業サリーメイは、「極めて政治的に洗練された戦略で、学生と納税者をターゲットに非常に有益なビジネスを開拓したサクセスストーリー」として、金融界の羨望と賞賛を一気に集めた。

事業家を目指し、プリンストン大学で経営学を学ぶポール・エイゼイシュテインは、フォーチューン誌の記事を読んだ時、わくわくしたという。

「サリーメイは夢を与えてくれました。まさに金融界のアメリカン・ドリームです。いま僕は、自分が次のアルバート・ロードになる日を想像して胸をふくらませています」

ＣＥＯであるロードがその年手にした報酬額は、四億五〇〇〇万ドル(四五〇億円)だった(*New York Times*, Oct. 7, 2007)。

数十億ドルの巨大市場と破綻する学生たち

イドナ・デイビスは、自分が抜け出しようのない泥沼にはまりこんでしまったと感じている。

二〇〇六年の九月、四三歳でフロリダ州にあるメトロポリタン大学に入学した時、彼女の学費支払い計画についてアドバイスしたのは、同大学の入学事務局で財務アドバイザーのテレサという女性だった。彼女はイドナの希望を熱心に聴いてから、入学に必要な費用の融資手続きから今後の支払い計画まで、すべて協力することを約束してくれた。

テレサのアドバイスでイドナは、低所得者用の奨学金を申請した。足りない分は大学と提携するサリーメイからの借り入れで埋めることにした。

その頃、陸軍兵士の夫と離婚したばかりだったイドナには、収入と呼べるものはなかった。そのため彼女は、奨学金については上限いっぱいの借入額を希望し、サリーメイからは一学期につき五〇〇〇ドル（五〇万円）を三・四％の固定金利で四年間借りる契約を結んだ。

「離婚で精神的に相当まいっていた私は、これをきっかけに新しいスタートを切るつもりでいました。前にパートで法律事務所の秘書をしていましたが、大学の学士号を取って本採用で雇ってもらうという新たな目標もできて、明るい気持ちになっていたのです」

それから二年ほどたった二〇〇八年一月、イドナはサリーメイから一通の電子メールを受け取った。彼女の借り入れている学資ローンの利子が、三・四％から八・五％に調整されるという。契約時には固定金利だったものが変動するのはおかしいとイドナはすぐに返信したが、返ってきたメールには、「拒否した場合、ローンの残高をただちに払うこと。払わなければ債務不履行とみなす」と書いてあった。

抗議のためにメールの下に書いてあった番号に電話をしたが、何度電話しても自動音声ガイダンスでたらい回しになる。

「ちょうど同じ頃にそれと同じ手紙を受け取った同級生がいました。理不尽なやり方に激怒した私たちは、この通知を無視することにしたのです。すると翌週、銀行からローン残高の総額が書かれた請求書が送られてきました」

イドナが返事をせずに授業に出ていると、今度は学校側から登録していた単位を凍結するという通知がきた。

イドナは激怒して、別の地域にある大学に編入するための手続きを取ろうとしたが、これもうまくいかなかった。大学側が彼女がすでに取得していた単位の転送を拒否したのだ。編入手続きに必要な成績証明書の発行も、今まで受け取ったローンに利子を加算した合計額を払わなければ出せないと言う。

サリーメイが提示した金額は、四学期分の二万ドル（二〇〇万円）から二万八〇〇〇ドル（二八〇万円）に膨れ上がっていた。

「他の学校には編入できない。クラスから締め出されて卒業もできない。二万八〇〇〇ドルなど返せるあてはなく、相変わらず高卒のままでパートからは抜け出せない。どうしたらいいかわかりません」

イドナの息子である一九歳のカーティスもまた、母親と似たような状況に陥っている。

彼は二〇〇三年、フロリダ州立大学にやはり大手銀行が提供する学資ローンを組んで入学した。

学期ごとに六五〇〇ドル（六五万円）を七％の固定金利で借り入れたが、経営難から大学が単位ごとの授業料を一七〇ドルから二〇〇ドルに上げ、寮費も一〇％値上げしたために、カーティスは別の金融機関でさらなるローンを組んだ。

カーティスは二〇〇七年の夏に同大学の心理学科を優秀な成績で卒業したが、不況で職はみつからず、チェーンのピザ屋で店長をしていた。サブプライムローンの影響から住宅ローンの焦げつきが急増していた時期で、彼の周りには高学歴でありながら飲食業でアルバイトをする人がたくさんいたという。

律儀なカーティスは大学卒業後、月々のローン返済が滞らないよう銀行口座からの自動引き落としにしていた。

もともと延滞の利かない学資ローンは、ひと月でも延滞すれば利子が膨れ上がってゆく恐ろしい特徴をもっている。学資ローンには一切の免除が適用されず、延滞期間が九カ月になると自動的に債務不履行とみなされ、回収のための法的手続きがとられるのだ。

カーティスも利用した学資ローンのオンライン申請書

学生が滞納した債権は政府が引き受けて、その九七%を民間の保証会社に支払うため、政府は回収機構を通じてどこまでも学生を追いかけてくる。

そうなると、名前がブラックリストに載せられて、今度はクレジットカードすら作れなくなる。カード社会のアメリカでそれは、一度落ちたら這い上がれない下層転落コースだ。

政府が保証する学資ローンは、通常卒業してから半年後に第一回目の支払い請求がやってくる。学生たちは一〇年から、長い時には二五年にわたり、毎月決まった額を返済してゆく。

二〇〇八年四月、カーティスは人員削減のあおりを受けてピザ屋の職を失った。

解雇されたその日、カーティスは、事情を話して支払い猶予をもらうために、貸し手である銀行に連絡した。すると銀行は保証会社に直接連絡するようにと言う。

大学を卒業してファーストフード店で働く若者たち．学位を持っていても，就職するのは困難だ

「最初、電話はなかなかつながりませんでした。音声ガイダンスに従って進んでゆくのですが、いつまでたっても生身の人間と話せず、そのうちぷつりと切れてしまうのです。それでも何度もかけなおして一七回目にやっとつながりました。でも……」

「相手は何と?」

「僕の話を聞いても何も言わないのです。やがてしゃべり始めると、今度は訛《なま》りが強くて何を言っているのかさっぱりわからない。

しかも雑音がひどいんです。

やがて僕はあることに気がつきました。

相手がろくに英語のわからないインド人で、海の向こうで電話を受けているオペレーターだってことに」

結局、カーティスは支払い猶予の申請書を得られず、そうこうするうちに今度は保証会社から彼の学資ローンが債務不履行になったという通知が送られてきた。

手紙に印刷されたプレミア・クレジット・オブ・ノースアメリカ社という債権回収機構は、あとで調べるとサリーメイの子会社だった。

六万ドルだったローンは九万ドルに膨れ上がり、すぐに執拗な電話攻撃が始まった。

「取り立ての電話は僕の自宅だけでなく、友達や親戚の家にまでかかってくるようになりました。電話に出ると、こちらの人格を攻撃するようなことを大声で叫ばれ、言い返そうとするとガチャンと切られるのです。付き合っていた彼女は、日に何度も僕の借金のことで電話がかかってくるので、ノイローゼになりそうだと言って離れて行きました」

二〇〇七年、上院健康教育労働年金委員会のエドワード・ケネディ委員長は、急増する借り手側からの抗議の声を受け、学資ローン業界の取り立て手法に関する実態調査に踏み切った。

調査の結果を受け、同委員会がサリーメイならびに同業界の大手ネルネット社に送付した通知書の内容から、以下のような手法が社員に指示されていた事実が明らかにされた。


•借り手の配偶者に対し、払わなければ刑務所行きになると言って脅すこと。

•借り手が自然災害などで家を失った際には、直ちにそのローンを債務不履行にし、残高には追加延滞金を加算する。借り手の税還付金や給与の差し押さえを実行すること。

•借り手が諸事情による支払いの再交渉を求めても応じないこと。

•借り手の職場には連日催促の電話をする。やめろと言われても続けること。

•自社内に、借り手に対して正しい情報を与えた社員がいれば、直ちに解雇する。

•借り手からローン状況についての問い合わせがあった際は、正確に答える代わりに電話を「たらいまわし」にすること。

•借り手だけでなくその家族や同僚、隣近所の住民にも嫌がらせの電話をかけること。


(U.S. Senate, Kennedy Questions Student Loan Lenders Collection Tactics, Press Release, April 26, 2007)

消費者保護法から除外された学資ローン制度

「学資ローンは住宅ローンと並ぶ巨大なマーケットです」

そう言うのは、『学生ローンという詐欺(*The Student Loan Scam*)』の著者であるアラン・コリンジだ。

自分もまた学資ローンによる多額の負債を抱えこんだアランは、同じ状況に苦しむ学生たちを集めたサイト「StudentLoanJustice.Org(学資ローンに関して正義を求める会)」を設立、サリーメイをはじめとする民間のローン会社や政府奨学金が学生を搾取するシステムについて、メディアなどを通じて積極的に告発している。

「サブプライムローンの報道の陰に隠れてあまり問題にされませんが、学資ローンの存在は、アメリカにとって深刻な社会問題です。

一番問題なのは、学生の四分の三が学資ローンを抱えているなかで、このローンの実態を一番知らないのが借り手の側だということです」

そういうアランも、一九九四年に南カリフォルニア大学の宇宙工学科に入学した時、ほとんど知識を持たないままにサリーメイからローンを借り入れた一人だ。

金額は三万八〇〇〇ドル(三八〇万円)。

彼は一九九八年に卒業し、カリフォルニア工科大学に年収三万五〇〇〇ドル(三五〇万円)で航空科学研究者の職を得る。

家賃と食費、車の維持費に加え、月収の二〇%を占める毎月のローン返済は苦しかったが、最初のうちは何とか延滞せずに払いこんでいた。

一九九九年の初め、医療費など突然の出費が重なり、どうしても期日までに払えない状況になった。

サリーメイに電話をかけて事情を説明すると、次回の支払い時に延滞料金を一度だけ加算すれば大丈夫だという。

だがそれから半年経った時、アランは妙なことに気がついた。

毎月の請求書に延滞金が上乗せされているのだ。何かの間違いだと思い、延滞金の削除をサリーメイに電話で依頼したが、返ってきた答えはノーだった。

「その時まで僕は、サリーメイが政府の非営利の公的教育援助機関だと思っていたんです。おそらくこの国の学生たちの多くが今も同じことを信じているでしょう。でも実際は違いました。サリーメイはいつの間にか民営化されて、一〇〇%民間の営利事業になっていました」

「住宅ローンのように、もっと条件のいいローンに借り換えることはできないのですか?」

「僕も同じことを考えてずいぶん調べたのですが、駄目でした。連邦の規制によって、学資ローンの借り換えは禁じられているからです」

それから後の展開はまるで悪夢のようだった、とアランは言う。

坂を転がり落ちるように状況は悪化していった。

アパートの家賃は値上がりし、光熱費は二倍に跳ね上がり、キッチンテーブルの上には医療費をはじめとする請求書が山積みになっていった。

二〇〇一年、ついに危機に陥ったアランは、意を決して大学を辞めた。防衛産業にいけば、もっと収入のいい仕事が見つかると思ったのだ。

だが、同年九月に起こった同時テロの影響でアメリカ経済は一気に落ち込み、結局、半年以上失業保険で食いつなぐはめになる。

「次の職が見つかる前に仕事をやめるべきではありませんでした」とアランは後悔の念を語る。「航空科学という学位を過大評価していたのです」

だが、アランと同じように考える学生は非常に多い。今アメリカ国内で年々学費が高騰するにもかかわらず、高等教育を望む若者の数は増え続けているのだ。

低所得層よりもむしろ中流の子どもたちの方が、このずれに飲みこまれやすい。学歴を持つ親や周りの大人たちの描く青写真のなかで、選択肢の数は、昔のままだからだ。

子どもたちはそのことに何の疑問も持たずに足を踏み出し、二つの時代のギャップに足をすくわれる。

そして彼らはアランと同じように、重要なことを見落としてしまう。

それは、学位があったとしても、それに関連する職につける可能性は年々低くなっているという現実だ。しかもこの現実には、学資ローンという借金がもれなくついてくる。

サリーメイに延滞金削除を拒否されたアランは、生きるためにありとあらゆる職を掛け持ちし、毎日一二時間、一週間に七日休みなしで働いた。だが、どの仕事も低賃金だったため、とうとう支払い不能になった。

借金に押しつぶされる学生
(Chronicle of Higher Education, 2009 年 6 月 17 日)

彼はサリーメイに、経済的困窮者としてローン返済一時免除を申請する旨の手紙を書いたが却下され、同社は翌日彼のローンを債務不履行としてファイルした。九日後、彼のもとに届いた請求額は六万ドル(六〇〇〇万円)になっていた。

卒業時は三万八〇〇〇ドル（三八〇万円）で、その一部はすでに返済済みだったローンがこんなに膨れ上がるのはどう考えてもおかしい。そう思い慌てて電話で問い合わせると、不良債権化した彼のローンはすでに他の金融機関に売却され、サリーメイの手を離れているという。アランは債務不履行の扱いにされた件について、オペレーターに自分の経済的状況を説明しようとしたが、「あとは保証会社に聞いて下さい」と言われ、電話は切られた。ローンが債務不履行になったという通知を受けてから一六カ月後、請求書には新たに一万八〇〇〇ドルが上乗せされた。

アランが朝昼晩と働いた一年間で稼いだ総額よりも多い額だ。

二〇〇二年の秋、アランがアラスカの季節労働から帰宅すると、見慣れない会社から請求書が届いていた。差出人はジェネラル・リベニュー社という債権回収機構で、調べるとサリーメイの子会社だった。保証会社に代わって不良債権の残高を回収している同社からの請求額は、八万ドル（八〇〇万円）になっている。

やがてジェネラル・リベニュー社だけではなく、さまざまな会社からアランの職場に催促の連絡が入るようになった。債務不履行となったローンは、いくつかの金融機関に切り売りされるからだ。

日に何度もかかってくる取り立ての電話のおかげで、アランはレストランを首になった。彼はそれらの債権回収機構に対して事情を説明し、延滞金を免除してくれたら一〇%増しの利子をつけて残額を毎月支払うとかけあったが、答えはすべてノーだった。

ついにアランはアメリカ教育省に連絡し、にっちもさっちもいかなくなった状況と、人権侵害ともいえる執拗な取り立てについて訴えた。その時点で彼はサリーメイに、最初に借り入れた三万八〇〇〇ドルのうち二万五〇〇〇ドルを返済していた。アランは弁護士を雇って執拗な取り立てに対する訴訟を起こすつもりでいたが、教育省は解決の手を差し伸べてくれないばかりか、さらなる恐ろしい事実を彼に伝えた。

学資ローンに対しては消費者保護法というものは存在しない。

一九九八年にクリントン大統領が署名した高等教育法改正が、他のローンに通常は適用されている消費者保護法のすべてを学資ローンから削除したからだ。

さらに二〇〇五年には、住宅ローンやカードローンでよく使われる、借り手が自己破産した場合の借金残高免責も、学資ローンの適用から外されていた(The Bankruptcy Abuse Prevention and Consumer Protection Act)。

打ちのめされたアレンは思った。いったいこの国でどれだけの学生が、自分と同じ目にあっているのだろう？　まだたかだか四十数年の歴史しかないこの制度が、学生たちにとって救いではなくモンスターに変わってしまったのはなぜなのか？

全米の大学生の三分の二が借り入れているローン総額九〇〇〇億ドル（九兆円）という数字は、何を意味しているのか？

「学資ローン制度は、国民が気づかないうちに少しずつ土台から破壊され、ボロボロにされていたのです」とアランは言う。

「もっと利子の低いローンへの借り換えや、経済的困難に陥った際の支払い猶予期間の申請など、通常借り手を保護するはずの法律は、高等教育法が改正されるたびに一つずつ外されていきました。借り手である僕ら学生も、親たちも知らないうちに」

「それらの改正を、政府はどんな理由で実施していったのですか？」

「たとえば、取り立ての手法に関する規制を外した時の大義名分は、返済を延滞する学生が増えすぎたために引き締めの必要があるというものでした。

確かに、一九八〇年代の終わりに学資ローンの延滞率が増えた時期がありました。でもそれは、営利目的の学校が学生をカモにしたせいです。これらの学校のほとんどは実体がなく、大量に生徒を入学させ、学費だけを集めて連絡が取れなくなる。でも、これはほんの一時期だけの話で、実際大半の学生は真面目に返済していました」

だが、この時の法改正によって書き加えられた借り手側の債務不履行への罰則強化は、その後返済率が九五％に回復した後も引き続き適応されている。

学生がローンの返済を一定期間以上延滞すると、政府はあらゆる手段でそれを取り立てることができるのだ。

「そういう実態を、いままで国民はどれだけ知っていたのでしょう？」

「最近までほとんど知られていなかったか、知っている人がいても大きな問題にならなかったのです。学資ローンという市場は、誰もに与えられる教育の機会というアメリカン・ドリームを連想させるため、非常にあいまいなイメージでとらえられています。

サブプライムローンに手を出した低所得層も同じ言葉で引っかかったけれど、あれよりももっと実態が見えにくいですね。

なぜなら将来への投資というのは、借り手側に罪悪感が生じないからです。子どものために、もしくは自

学資ローン問題は若者たちを動かしつつある．「オバマに学資ローン救済法（Bailout）を求める会」もその一つだ

分の未来のために、必ずリターンがくる素晴らしい投資の一つだと考えられている。メディアも、学位がなければまともな仕事に就けないと不安をあおる。貸す側のターゲットになる条件がそろっているのです」

ナイーブな学生たち

学生たちには、そんな多額の借金をすることへの不安はないのだろうか?

インタビューした学生たちの答えはノーだ。

民間のローン会社から一万三〇〇〇ドル(一三〇万円)を借り入れて、フロリダ州立大学に通うメリッサ・バーンズは言う。

「この国では、高卒の人間がつける職業はマックジョブ(マクドナルドの店員のような時給で働く仕事)しかないわ。いまどんなに借金しても大学の学位だけは取らないと、永久に低賃金の職を転々とするはめになる。私は母のようにはなりたくないの。五〇近くなって、まだレストランのウェイトレスをしながら、給料日から給料日まで食いつなぐなんて絶対にいやよ」

メリッサは成績が良かった。利率の低い連邦の学資援助を申し込まなかったのかと聞くと、彼女はその存在自体を知らなかったという。

「私の周りでは、大学に進学する人間自体が少ないの。高卒でシングルマザーの母もその友達もそういうことは全然知らないし。自分でネットで調べて、一番手続きが簡単だったローンに申し込んだの」

一方、将来についてまったく心配していない学生もいる。

同大学に通うラルフ・バーンズは他の多くの学生とおなじように、教育への投資がいつか必ず何倍にもなって戻ってくると信じて疑わない一人だ。

「借金の額？　あまり細かくは把握してないけど、二万数千ドル(二百数十万円)くらいかな。卒業したらうんと稼いでちゃんと返すから大丈夫ですよ」

「借金の額や条件をみないで契約書に署名を？」

私が聞くと、彼はうーんとうなった。

「金融機関が送ってくれた契約書には法律用語がびっしり書いてあって、正直見るだけで頭が痛くなったんです。まあ大体のことはわかるし、僕の専攻はソフトウェア・エンジニアだから、高度な技術職で不況は関係ないかと。わかるでしょう？　卒業後の仕事はいくらでもあるんです。何ならソニーやパナソニックの本社がある日本に行くという手もあるし……」

二〇〇八年一月に卒業してから六カ月後、ラルフはチェイス銀行の学資ローン部門から合計四万一〇〇〇ドル(四一〇万円)の請求書を受け取った。すぐに見つかるはずだったソフトウェア・エンジニアの職は、すでにアメリカの理数系大学の二五%を占める中国やインドからの成績優秀な学生たちとの間で熾烈な競争になっていた。

二〇〇九年六月現在も、彼は就職先が見つかっていない。

昼間はレンタルビデオ屋のマネージャー、夜はピザの宅配の仕事をしながら、なんとかローン返済とぎりぎりの生活費を得て生活している。

UCバークレイ校で低所得者用奨学金プログラムのアドバイザーをしていたニーナ・ローゼンバルムは、学資ローンというビジネスは中流層を最大のターゲットにしていると語る。

「初めから進学を視野に入れていない貧困層とはちがって、年間数千ドルの学費で公立大学を卒業した世代に育てられた中流層は、大学進学を当たり前のことだと思っている。そのうえ何度も改正されて非常に複雑になっているローンシステムを親子そろって理解していません。

彼らは労働市場の急激な変化に頭がついていかず、自分たちはマクドナルドで働く高卒の人々とは違うという自尊心を持っている。

学位さえあれば社会に出てから望む仕事につけるという幻想を今も抱いている人々は、金融機関にとっては高利の借り手として最高のカモなのです」

学資ローン業界に君臨するサリーメイ

前述したいくつかのインタビューに繰り返し登場する学資ローン業界最大手サリーメイの収益のうち、急激に伸びているのは不良債権化したローンだ。

たとえば、二〇〇〇年から二〇〇五年にかけて、同社の経常利益は二億八〇〇〇万ドル(二八〇億円)から九億二〇〇〇万ドル(九二〇億円)と、三二八%上昇しているが(Sallie Mae S-8Filings 2007)、その中身は通常通りの返済よりも、不良債権化して二倍、三倍の値がついたローンの回収が広く占めている。

なかには一度もローン返済の請求書を受け取らないままに、気が付いたら自分のローンが不良債権化されていたという学生もいるが、そうしたケースに陥っても、消費者保護法の適用がないため、借り手にはなすすべがない。

アメリカ教育省のデータによると、現在不良債権化した学資ローンの数は全米で約五〇〇万件。金額にすると総額四〇〇億ドル(四兆円)になるが、前述したニーナはおそらくこれは氷山の一角に過ぎないという。

二〇〇七年、民間金融機関による学資ローンはついに、全米における巨大規模業界の上位五位に入った。

二〇〇九年五月、オバマ大統領はこの問題に関してある提言をした。

政府保証の民間ローンであるFELP（連邦教育ローン）を完全に廃止、これによってサリーメイへの補助金がなくなり、税金の無駄遣いを減らせる。学資ローンは既存の政府直接ローンであるFDLPに一本化して、ペル奨学金の年間援助額を五〇〇ドル増額するという方針だ。

だが、これについての学生たちの反応は、シビアなものが少なくない。

「低所得者向けのペル奨学金の枠が増えるのは嬉しいです」

ニューヨーク州ブルックリンに住む一九歳のパメラ・ニコラスは言う。

「成績に関係なく家計の貧困状況で審査がされますから。

でも、政府が予算を入れないので、給付額があまりにも少なすぎます。大学費用の高騰を考えると、増額が五〇〇ドルでは教科書も買えません。結局、足りない分は民間の学資ローンで借りることになるから、私たち学生にとっては今までと同じ。最終的にはサリーメイの借り手が増えるだけじゃないでしょうか」

「利子の安いFDLPで、直接政府から借りるという選択はどうですか？」

「あれはだめ」と、パメラは即座に否定した。

「調べてみると、政府が予算を凍結してきたせいで全額借りるのが難しく、結局大半は民間ローンと組み合わせることになるみたいです。それにFDLPは枠自体が少ないから、競争率が高すぎてきっと私は無理だと思う」

補助金という無駄をなくし、政府ローンに一本化するというオバマ政権の政策を支持する親もいる。ニューハンプシャーに住む二人の娘の母親、ダイアン・ジョリーはその一人だ。

「法外な利子で子どもたちを苦しめる民間の学資ローンにお灸をすえることは、改革への重要なステップです。今後はFDLPが主流になって、サリーメイのような貸し手はつぶれてゆくでしょう。自分がマイノリティであるオバマ大統領が、大企業より子どもたちを守ろうとしていることに、希望を感じます」

これに対し、カリフォルニア州ハンターズポイントで地域の子どもたちの進路指導をするマッコイ・ラークは、こうした人々の発想からは、FDLPそのものがサリーメイのせいで、すでに機能しなくなっているという事実が抜け落ちていると反論する。

「サリーメイの息のかかった議会と大学当局は、今後もFDLPの形骸化を進めながら民間ローンの規制緩和と学費値上げを続け、

教育の重要性を語るオバマ大統領だが……

学生たちがサリーメイに加入するよう指導し続けることでしょう。彼らにはそうするだけの資金がたっぷりとあるからです。ただでさえシェアが二割を切っているFDLPとサリーメイとの力の差は、まるで子どもと大人ですよ。

やがてそう遠くない将来に、政府はこう言い始めるでしょう。

利用者がほとんどいない制度に貴重な税金を使うのはもったいない。FDLPを廃止してもっと有意義なことに使いましょう、とね」

そうなると、学資ローンはサリーメイの独占になる。雪だるまのように膨れ上がる負債や執拗な取り立てから、誰が若者たちを守るのか。

オバマ政権になってから、インターネットに頻繁に現れ始めた広告があるという。真っ白い歯の黒人女性がほほ笑む写真には、オバマの名前とともにこんなうたい文句が書かれている。

「マイノリティでシングルマザーの貴方にも、借りやすいローンがあるのをご存知ですか？すべての人に教育の機会を！　イエス・ウィ・キャン！」

マイノリティのシングルマザーたちが、サービス業中心の労働市場で卒業後に得る安い賃金と、返済義務を負う学費のギャップは拡大し続けている。

規制緩和によって借りやすいローンを増やすよりも、教育費を下げることで機会の平等を提供しなければ、一生返せない債務を背負う国民の数はますます増え続けるだろう。

サブプライムローンの二の舞だ、とマッコイは指摘する。

どちらも金融機関の仕掛けるゲームであるという点では共通しているが、二者には大きな違いが一つある。家を手放しホームレスになれば解放される住宅ローンと違い、学資ローンは借り手が死亡した後もまだ追いかけてくるのだ。

子どもたちをねらう教育ビジネス

学費の高騰とローン条件の規制緩和に伴い、もう一つ浮上してきたのが教育ビジネスだ。

カリフォルニア州サリナスに住むジョン・クラークは、サブプライムローンで両親が家を差し押さえられた翌週に、自分の学資ローンが不良債権化した。ジョンは今アメリカで起きていることについて、こんなふうに言う。

「数十年前、マイホームと高等教育はアメリカ人にとって夢だった。人種や生まれ育った環境に関係なく、誰もがこの二つを手にできるように政治家たちが一生懸命になってくれた、そんな時代があったなんて信じられないよ。それにこの二つは似ているようで、実はまったく性質が違う。マイホームがなくても生きていかれるけど、教育がビジネスになって学生たちの夢につけこむことは、国の未来を食い物にすることと同じじゃないか」

ジョンが通ったのは、全米に八〇〇校、カリフォルニア州内に九一校ある営利大学の一つだ。こうした大学は株式会社が経営しているか、または学校そのものが営利機関となっている。勤労者成人向けプログラムやオンライン型の授業などを中心に、普通の大学より就職に役立つような専門コースが組まれているのが特徴だ。就職斡旋《あっせん》サービスを提供しているところもある。

学生の大半は、ジョンのような「普通の大学は高くて手が出ないが、教育費のために軍に入隊したり高卒で働くほどの貧困層ではない」中流の下あたりの層が占めている。

一万一〇〇〇ドル(一一〇万円)の借金をして通ったものの、質はひどかったとジョンは言う。

「手っ取り早く就職に必要な専門スキルが学べると思ったんだ。広告にもそう書いてあったし。軍に入隊するほど困っていないしね。でも騙《だま》されたよ。

就職斡旋は毎回カウンセリングが五分で終わるし、紹介されるのは劣悪な条件の職場ばかり。大体授業は英語もろくにしゃべれない外国人ばっかりで、内容がちんぷんかんぷんだったし。結局職も見つからないし、一万ドルどぶに捨てたようなものだった」

たとえサービスの内容が「教育」や「医療」のような分野でも、それが営利である限り、満足させるべき相手が株主だという法則は変わらない。

最大限の利益を出すためにまず削られるのは、人件費やサービスコストだ。

政府が教育予算を削減するほどに大学の学費は高騰し、営利目的で参入してくる教育ビジネスは拡大してゆく。

今では数十億ドル（数千億円）の巨大市場に成長し、大規模ロビイスト団体として政治的影響力をも手にした教育ビジネスは、前述したサリーメイのような金融機関とともに、ますます国の政策を左右する存在になっている。

さまざまな学校の広告が地下鉄をはじめ，街中にあふれている

国の将来を担う若者を育てるための「教育」が、巨大市場の一つと化した時、果たしてそこに未来はあるだろうか。

破産手続きをして家をあきらめることで免除された両親の借金と違い、ジョンが学資ローンの借金から逃れるすべはない。

親子そろって債務不履行になり、サリーメイの子会社である債権回収機構から、毎日電話や手紙などの執拗な取り立てを受けているイドナと息子のカーティス。

「借りなければ良かったと思いますか？」という私の問いに、カーティスはしばらく考えてからこう答えた。

「わからないんです。借りないという選択肢がそもそも存在したのかどうかが。テレビを見ていると、どんどん不安になるんです。この国で学位がなければどうなるか、今よりも下層に転落し、チェーンの飲食店や量販店、工場などで時給五ドルの職につくしかない。そうなったら最後、生涯そこから抜け出せなくなる。だからどんなに借金を重ねても、それがワーキングプアにならないための投資ならば、高くはないと思ってしまうんです」

水槽をゆっくりとサメが泳ぐ

子どもたちにとっての教育が、将来への希望ではなく恐怖や強迫観念に変わる時、彼らの不安はある種の業界にとって、有益なビジネスチャンスになる。

カーティスを追うプレミア・クレジット・オブ・ノースアメリカ社は、債権回収業で一〇年の間に大成長を遂げている。同社のロビーには従業員のモチベーションを高めるために、何匹ものサメが泳ぐ四〇〇〇ガロン(約一万五〇〇〇リットル)の巨大な水槽が置かれているという。

膨れ上がる残高、加算される延滞金や罰金の総額を見て、この先一生支払いを続けても利子をのぞく元金が返済不可能だと知ったイドナとカーティスは、カナダ移住を真剣に考えている。

第2章

崩壊する社会保障が高齢者と若者を襲う

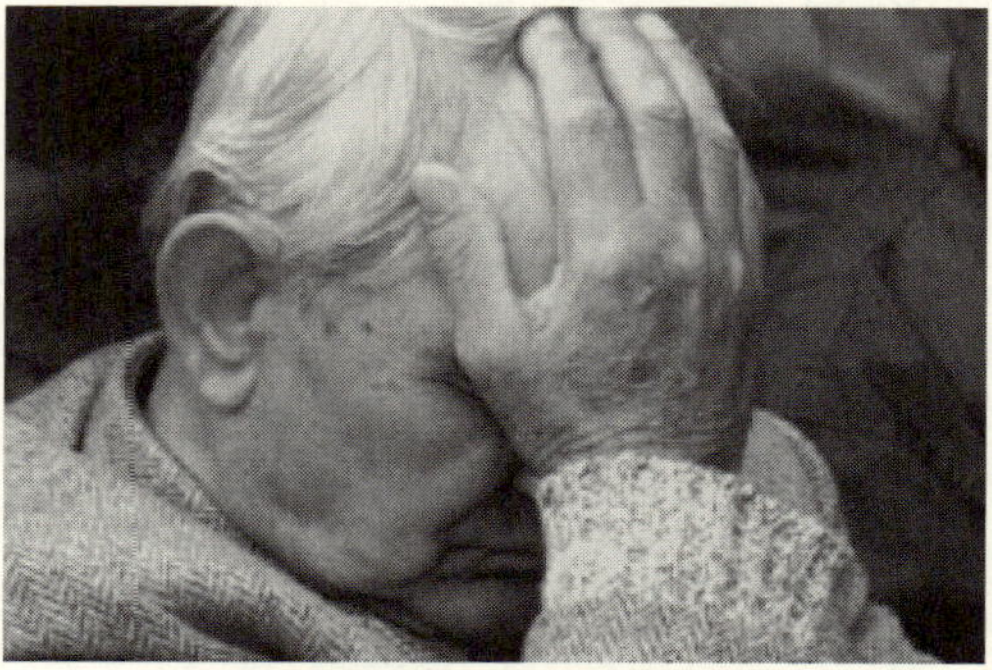

年金破綻を知って打撃を受ける高齢者(iTulip Newsletter, Aug. 30, 2009)

父親と息子が同時に転落する

ニューヨーク州ブルックリンに住むバリー・ヘイゲンが、五八歳になった二〇〇一年にGM(ジェネラル・モータース社)を退職した時、彼は引退後の生活について明確なビジョンを持っていた。

「一年中太陽が降り注ぐフロリダに引っ越すのが夢でした。溶接工の仕事中に足を痛めてから、ニューヨークの冬がきつくなってきてね。暖かい土地で毎日趣味の釣りや妻との旅行を楽しみながら、悠々自適の生活を送ることを楽しみに、三〇年働き続けてきたんです」

アメリカにいる中流層の多くが描く、典型的な退職生活のイメージだ。

そしてバリーのような、アメリカ最大の自動車製造業であるGMの社員たちにとってそれは、いつか手にしたい憧《あこが》れではなく、会社によって確実に保証された将来だった。

医療費が高く貯蓄率が低いアメリカでも、GMやクライスラーの従業員は特別の待遇を受けていたからだ。

退職したバリーは、GMが提供する医療保険と月々二七三〇ドル(約二七万円)の企業年金を受け取りながら、希望通りフロリダにアパートを購入した。

ＧＭの医療保険は歯科と眼科も適用になるため、バリーの妻は白内障の手術も受けたという。

「ＧＭで働いてきて本当に良かったと思いました。退職した年に初孫も生まれ、満ち足りた気分でしたね。退職した同僚たちもみな、会社の手厚い手当で同様の生活を送っていました。会社にとって私たち労働者は財産なんです。その証拠に、私が働いていたＧＭの工場の壁には、ウィルソン社長の言葉が貼ってありましたよ。

〈ＧＭにとって良いことは、アメリカにとって良いことだ〉」

アメリカでは高齢になるほど支出は増える。だが現役社員だけでなく、退職した後も手厚い医療保険と年金が給付される自動車工場労働者たちには、長い間その心配は無用だった。

「なぜなら私たちにはＵＡＷ（全米自動車労働組合）がついていますから」

アメリカの労働組合は、日本のように企業別ではなく、産業別になっている。一五〇万人の会員数を誇るＵＡＷは、そのなかでもひときわ大きな影響力を持つ組合だ。

GM 社員たちは優雅な退職生活を送ることを思い描いていた（www.abundance-llc.com）

一九五〇年、ＵＡＷは五年間の労働争議停止とひきかえに、ＧＭから従来の賃上げに加えて企業年金と医療保険（コストは会社が半分負担）の提供という社会的給付を盛りこんだ契約を取りつけた。

経営側が何より恐れるストライキをたてに、ＵＡＷは巧みな交渉術を展開していった。

当時空前の利益を上げていた自動車産業の経営陣たちには、年金にかかる支出は大した問題ではなかった。ＧＭはその前年、アメリカ史上最高額と言われる配当金を株主に支払ったばかりだったのだ。工場の平均年齢は若く、五〇歳以上の従業員は五人に一人しかいなかった。企業年金は税控除の対象になるので、税金対策としても有効になる。

そして何より、一九五〇年代はＧＭにとって追い風の時代だった。右肩上がりの売り上げは、黄金時代がずっと続くかのような錯覚をもたらしていたのだ。

ＵＡＷ幹部はつねに、工場の生産ラインを止めるか、こちらの要求をすべてのむか、という二者択一で交渉をおしすすめた。

経営陣は、高齢化によりいずれ膨れ上がる年金リスクより、目の前の利益を大きく失うストライキを回避する方を選んだ。

このパターンは、自動車産業の運命を大きく変えてゆく。

「デトロイト協定」と呼ばれるこの取り決めが、その後要求を加速させたＵＡＷによってさらに拡大していったからだ。

わずか二〇年で年金は四〇％増額され、医療保険の企業負担は退職者も含めて五〇％から一〇〇％になり、適用範囲には精神疾患や出産に関わる一連の費用まで加えられた(Roger Lowenstein, *While America Aged*)。

アメリカン・ドリームの象徴でもあったGMの大型車

小さな政府が信奉されてきたアメリカでは、老後の生活を十分に保障することを前提とした公的年金制度は存在しない。

第二次大戦後にヨーロッパの国々が国内のインフラを国有化し、福祉国家の道を歩み始めた時も、アメリカの経済界は社会主義へと向かう序章だとして福祉拡大に警鐘を鳴らしていた(*The Place of Europe in American History: 20 Century Perspectives*, American Studies Series, "Nova Americana")。

そんななか、ＧＭという巨大な船に乗りこんだ労働者は別だったのだとバリーは言う。

「私は親子二代でＧＭなんです。父親はミシガン州にあるランシングという町のGM工場で働いていました。第二次大戦後に職を得た父の世代にとって、退職した後も生活を保障される自動車工場に就職して早期退職するというのは、理想のライフスタイルだったのです。

父は私が退職した年に心臓発作で亡くなりましたが、五五歳で退職してから二六年間生活の不安はありませんでした。年金と医療保険をGMが保証してくれていましたからね」

二〇〇八年一一月、デトロイトに住む四〇歳の長男デニスが失業した。勤め先の大型家電量販店サーキットシティ社が倒産したのだ。

ERISA法(従業員退職所得保障法)により、退職者の年金受給権が保障されているアメリカでは、企業が倒産した場合、その年金支払いは連邦機関の一つであるPBGC(Pension Benefit Guaranty Corporation 年金給付保証公庫)に引き継がれるしくみになっている。これによって従業員が毎年積み立てた年金を失うことは回避できるものの、その年金支払い額には上限が定められているために、かなり減額されてしまう。

会社の倒産によって、デニスの年金は、本来もらえるはずだった額の半分である月額一〇七八ドル一三セント(約一一万円)に下がった。さらに住宅価格が上昇中だった時に購入した家の価格が、住宅バブルがはじけたことで急落、ローンを返済し続けることが苦しくなり始めた。

「息子さんはサブプライムローンを組んだのですか?」。そう聞くとバリーは首を振った。
「違います。彼は収入の安定したサーキットシティ社の正社員でしたから、固定ローンでした。失業して払えなくなったのです」

アメリカ国内の差し押さえ物件内容は当初、債務不履行率が高い低所得層対象のサブプライムローンが中心だったが、金融危機のあおりで失業率が急上昇したために、中流層にまで拡大している。

The Journal Report: Interviews From 'D: All Things Digital' Conference

THE WALL STREET JOURNAL.

GM Collapses Into Government's Arms

Second-Largest Industrial Bankruptcy in History; Obama Defends Intervention as CEO Asks Public for "Another Chance"

GMがついに破綻したことを伝える記事(ウォールストリート・ジャーナル紙, 2009年6月2日)

二〇〇七年秋以降は、「安全」とされていた固定ローン物件を持つデニスのような層も次々に支払い不能に陥り始めた。

職が見つからない一方で住宅の価値が下がってゆく状況のなか、ローンを返済し続けることが馬鹿馬鹿しくて支払いを止めてしまう者もいる。そうやって差し押さえ物件が増えることで、近隣の物件まで価値が下がるため、住宅価格の下落はますます加速してゆく。

「息子は二〇〇八年の年末から、失業保険で妻と高校生の娘を養っていました。しかし、職が見つからないままに失業保険の給付が五月で切れ、ついに家を手放すことになったと言って、私たちに連絡してきたのです」

アメリカの失業保険の給付期間は半年だ。

二〇〇九年六月に失業保険受給者数が六〇万人減少したことは、あたかも失業状況が改善したかのようなニュアンスで報道された。だが実際は、デニスのように二〇〇八年末の金融危機のあおりで大量に失業した人々が、一気に給付を打ち切られたというのが実状だ。

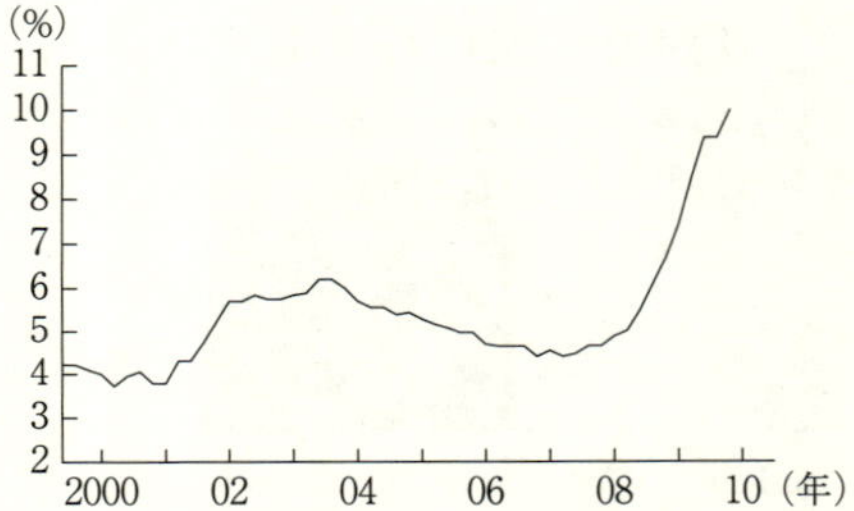

アメリカの失業率(アメリカ労働省データ)

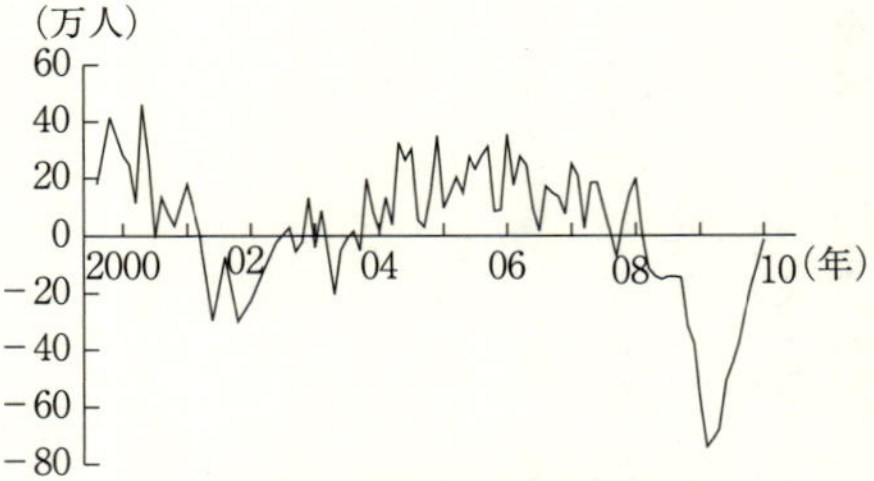

アメリカの非農業部門の雇用者数
(前月比増減数，アメリカ労働省データ)

二〇〇九年五月の時点でアメリカ国内の失業率は九・四％、一〇月には一〇％を超えた。

バリーは息子夫婦と孫のためにしばらくの間、ＧＭから毎月送られてくる年金小切手から送金すると約束した。

　だがその直後、バリーの身にも悲劇がおとずれる。

　二〇〇九年六月一日、GMは連邦破産法一一条(日本の民事再生法に相当)の適用を申請、翌月に一五〇億ドルの支出削減として六五歳以上の退職者への医療保険提供を廃止したのだ。

　バリーはその時のショックをこう語る。

「信じられませんでしたね。私はその秋に予定していた股関節の手術をキャンセルしなければなりませんでした。生涯提供されるはずだった会社の医療保険を失い、六五歳以上の退職者はメディケア(高齢者用公的医療保障)に移行することになったからです。私は六六歳ですから、今後はメディケアの掛け金と、処方薬代が自己負担になりました」

　さらなる打撃がバリーを襲った。毎月の年金額が六割減らされ、月々一〇九二ドル(約一一万円)になったのだ。

　バリーは、GMの元社員だった自分にだけは絶対にこんな悲劇は起こるはずがないと思っていたと言う。

「金融危機の影響で、国内の会社が次々と倒産していく状況下でもですか?」

「息子の働いていた会社はともかく、GMだけは特別だと思っていたんです。たとえ高卒でも真面目に働きさえすれば、豊かな生活と老後の保障を得られる会社。わかりますか？　ＧＭは「古き良き時代のアメリカン・ドリーム」そのものだったのです」

企業年金の拡大

一九三五年、大恐慌で急上昇した貧困率に対する国民の不満をうけ、ルーズベルト大統領は、ニューディール政策の一環である「社会保障法」を制定した。社会保険制度、公的扶助、社会福祉事業という三本柱を社会保障局が一括して管理するシステムだ。これにより、高齢者のための公的年金制度が導入された。

だが、このしくみには欠陥があり、すぐにさまざまな不満が出ることになる。加入資格に職業差別があり、インフレ調整機能がないために物価の上昇が給付金の価値を下げるなど、国民の老後を保障する力がなかったからだ。

一方、企業は税金対策と従業員の離職防止のために、いちはやく年金システムを取り入れ、一九二〇年代末には銀行や鉄道などを中心に企業年金を確立していた。

保守派議員から公的年金は「社会主義につながる政府の過度な介入」だとして反対され、国民全員に保障をおこなうだけの大規模な公的資金もなかった政府にとって、社会保障の中心が官から民へ移行することは願ってもない話だった。

　そこで政府は、企業が賃金凍結を年金の給付内容で調整することを認める一方で、「全国産業復興法(National Industrial Recovery Act)」のなかの労働者の権利に関する箇所を再度立法化した。

　最長労働時間や最低賃金、組合を作る権利や労使交渉権を保障し、企業側による団結権の侵害や不当解雇、差別待遇などを禁じる内容の、「ワグナー法(National Labor Relations Act 全国労働関係法)」と呼ばれる法だ。

大恐慌時に炊き出しに並ぶ失業者の列. 公的年金設立のきっかけとなった

　ワシントンDC在住の経済ジャーナリスト、イーサン・ミラーは、この時の一連の流れについてこう語る。

「アメリカの産業界はニューディール政策には批判的でした。資金を出す者は口も出す、つまり政府が企業の経営に介入してくることを警戒したのです。

　ワグナー法によって強固な権利を得て団結した労働者が、次々とストライキを起こすようになっても、企業年金の将来を危惧する声は高まりませんでした」

「一九五〇年代に国の社会保障給付が引き上げられた時はどうでしたか?」

「その頃は第二次大戦以降に急激に高まった社会主義アレルギーが、国内をおおっていました。企業はここでも手を引くきっかけを失いました」

一九五〇年代にはすでに、多くの小規模自動車産業が年金の支払いに苦しみ始めていた。そのうちのいくつかは一九六〇年代初めに倒産したが、利益率の高い大手の自動車産業は、これを自分たちにも起こりうる危機とは考えなかった。市場を独占していたGMやフォード、クライスラーの三社はたかをくくっていたのだと、ミラーは言う。

「本当は、国民から義務として税を徴収する政府と違い、景気などに利益を左右される企業が社会保障を引き受けること自体無茶な話なのです。特に年金は一度約束すると、後で取り消しがきかない。

第二次大戦時の軍需景気で完全雇用を回復し、組合員の数を増やした労働者が要求を拡大させていった時点で気づくべきでした」

一九七〇年代になると、アメリカ自動車産業の好景気を揺るがす存在が現れた。日本の自動車メーカーの参入だ。激しい競争にさらされるなか、GMは膨れ上がる退職者の年金や医療保険の積立金を自社の資金としてつぎこみ始める。そして株主や労組に警戒心を持たせないよう退職年齢を若く、利回りを高く見積もることで何の問題もないように見せかけ、問題を先送りしていった。

一方、一九七〇年代には飛ぶ鳥を落とす勢いだったアメリカ航空産業は、最盛期に約束した従業員の退職金や年金の支払いが、業界内で激化する値下げ競争に伴い経営を圧迫。二〇〇一年の同時テロ以降の原油高が最終打撃となり、次々に破産していった。半年で二四社というスピードで起こる航空業界の相次ぐ倒産に、他の業界も危機感を募らせた。二〇〇三年にはフォーチューン誌主要企業四五社が確定給付型年金を廃止、その数は二〇〇四年に七一社まで上昇した。

また、二〇〇〇年から〇五年にかけては、従業員への医療保険提供を廃止する企業も増えてゆく。世界最大のコングロマリットであるジェネラル・エレクトリック社は、労働組合との交渉を重ねた結果、医療保険の企業負担を大幅に減らす方向に押し切った。

二〇〇六年七月には、コンピューター関連製品大手ヒューレット・パッカード社のＣＥＯマーク・ハードが、この年金モデルを維持することは経営上限界だとして確定給付型年金制度を廃止、同社は従業員が独自に運用する確定拠出型年金（４０１ｋ）に切り替え、年間三億ドルのコストを削減した（*While America Aged*）。

確定拠出型年金の401kへの切り替えが促された

退職後の給付額をあらかじめ確定し、そこから逆算して現役時代の掛け金を拠出する従来の確定給付型年金に対し、確定拠出型の401kは、現役時代に確定した掛け金を資金として運用し、最終的な損益額が退職後に受給されるのが特徴だ。

だが、全米一の交渉力を誇るUAWが相手の自動車業界では、違った状況が繰り広げられていた。労使交渉で強気に出られないGMは、従業員と退職者の年金と医療保険を負担し続け、ついに医療費負担は他の業界を抜いて全米一の年間五六億ドルにまで膨れ上がった。

自動車一台あたりに上乗せされる年金分のコストは一五〇〇ドル(一五万円)。これが競争相手のトヨタUSAに大きく引き離される原因の一つとなり、かつては「巨人」と呼ばれたGMの市場での力は失われていった。

だが前述したバリーのような退職者は、GMが日本車に追い抜かれてもそれほど危機感を持たなかったと言う。

「今思うと私たちはみな、実体のない幻のなかにいたのかも知れません。UAWとGMは対になって、労働者の権利拡大要求と、それに対する財源なき約束というダンスを永遠に続けていたのです。私や他の退職者仲間も、そういった現実的不安は意識して避けてきました。「早期退職し、悠々自適の生活を送る中流アメリカ人」という夢に、しがみついていたのです」

二〇〇七年、ＧＭはそれまで全米一位だった販売台数をトヨタに奪われる一方で、賃上げ要求ストライキを起こすＵＡＷに対し、退職者医療保険基金の特別信託に三〇〇億ドルを投入することを約束した。

それは組合の歴史に新たな功績として加えられ、同社の純損失額が前年の二〇倍の三八七億三二〇〇万ドルに膨れ上がっている事実は、労使交渉の成功談にかき消された。

バリーと退職者仲間たちはいつものように、バーでビールを飲みかわしながら、ＵＡＷの交渉力と自分たちの幸運に乾杯した。

これがアメリカを蝕む深刻な病なのです

元上院議会財政特別委員のジェフ・ゲイツは、財源の保証のないままに安易な約束をし、自らを破産に追い込んだＧＭのやり方についてこう語る。

「ＧＭの破産が発表された時、売り上げが伸び悩んでいても強硬なストライキを手段に要求を通そうとするＵＡＷのやり方が批判の対象になりました。でも問題の本質はそこではありません。ＧＭの経営者が考えなければならなかったのは、労組との関係や高齢化を見越した年金制度自体の改革だった。でも彼らはそれを避け、口先だけの約束を重ねました。

自分の任期中に利益を上げられればそれでいい、つけはそのあとの経営者が払うだろうというのは、まさにビジネスでいうＢＬ（ボトムライン）です。いつしかあらゆる箇所を侵食してしまったこの考え方こそが、アメリカを蝕《むしば》む深刻な病なのです」

株主の力が強いアメリカで、経営者は年度末ごとに地位を失うリスクにさらされる。企業のトップは給与も高いが、決算で株主の望む利益を出せなければ容赦なく首を切られ、別の雇われ経営者と交代させられるからだ。

数字を出すことが何よりも最優先されることで、長期的なビジョンや従業員一人ひとりの生活を考慮した視点は見えなくなってゆく。

多くの企業が負担減のために確定給付型年金を４０１ｋなどの確定拠出型年金に移行させてゆくなか、ＧＭは根拠のないカードを切り続けた。同社がやっとホワイトカラーの社員の年金を４０１ｋに変えたのは、二〇〇七年七月だった。

ＧＭの破産が報道された時、一〇万人の生産者の稼ぎで三七万七〇〇〇人の退職者の年金を賄うという異常な構造に人々は驚愕したが、真の問題を先送りし続けたことから生み出された当然の結果だった、とゲイツは言う。

「財源なき約束は幻想でした。年金基金はとっくに破綻していたのですから」

元ウォールストリート・ジャーナルの記者をしていた金融ジャーナリストのロジャー・ローウェンスタインは、自著『ＧＭはなぜ転落したのか（*While America Aged*）』のなかで、ＧＭの他にも、問題を先送りして自らの年金負担にのみこまれて破綻した公的交通機関や自治体の例を挙げ、年金や医療保険を民間ではなく政府が担う必要性を指摘する。クレジットカード依存のようなやり方は国を破綻させる。小さな政府を信奉してきたアメリカは、高齢化に直面する今こそ国の社会保障システムを強化すべきだというのが、その主張だ。

彼はまたアメリカの政府や企業、自治体がこれまでとってきた年金の運用方法を厳しく批判し、給付金は次世代へのつけにせずに、その都度支払うべきだという。

退職生活者からウォールマートの店員へ

二〇〇九年六月、一七二八億ドル（一七兆二八〇〇億円）の負債を抱えたＧＭは、連邦破産法一一条の適用を申請し、創業一〇〇年目にして破産した。

破産したＧＭのホームページを開けると、「Retirees（退職者の方々へ）」という箇所があり、同社の確定給付型企業年金の積み立て状況が一目でわかるようになっている。

それを見ると、二〇〇九年六月の時点で記載されている時給労働者用年金制度（ＨＲＰ）と月俸者用年金制度（ＳＲＰ）の積み立て不足額の合計は、一二四億ドル（一兆二四〇〇億円）だ。

通常アメリカでは、退職すると企業が提供する医療保険も同時に失うことになる。ＧＭはそれまで退職後も生涯無料の医療保険を提供していたが、破産にあたり三七万七〇〇〇人の退職者全員が適用を廃止され、メディケア加入のための補助金が出ることになった。バリーの場合は、それでも夫婦合わせて毎月一五七ドル（約一万六〇〇〇円）を掛け金として支払わなくてはならない。

この先、数十年にわたる妻と二人の生活を想像すると、月々一〇九二ドル（約一一万円）の年金ではとてもやっていかれない。バリーが受給年齢より早い四年前から受け取っている公的年金からの給付金は、月々七五〇ドル（七万五〇〇〇円）にしかならず、今後医療費などの支出を考えるとわずかな足しにしかならない額だ。

退職した日に、残りの人生でもう二度とすることはないだろうと思った職探しを、バリーはＧＭ破綻の翌週から開始した。スーパーマーケットに行って求人のビラを丹念に見る。だが、金融危機以来の不況でなかなか仕事は見つからなかった。

バリーが現役だった頃と違い、労働市場の中心が製造業からサービス業に移行した今のアメリカでは、GMで長い年月をかけて身につけた経験や自信は役に立たない。六六歳という年齢だけが大きな障害になる。

だが彼は幸運にも、知人の口利きで大手ディスカウント・チェーン店のウォールマートで店員の仕事を得た。医療保険も有給もなく、時給は七ドル五〇セント(七五〇円)だったが、就職できたこと自体が奇跡に近いバリーに選択肢はなかった。

一カ月ほどたったある日、電化製品売り場で客に大型テレビの説明をしている最中に、バリーはおぞましい体験をした。

その日、売り場に展示されていたいくつものテレビは、同じニュース番組を流していた。リモコンの使い方を説明しようと、そのうちの一台に近づいたバリーの目の前で、いきなり三月に更迭《こうてつ》されたGMの前CEOリック・ワゴナーの顔が、四〇インチ画面いっぱいに現れたのだ。

アナウンサーのなめらかな声が、つないである巨大なスピーカーから流れてくる。

「八月一日付で正式に退職するワゴナー氏が、今後五年間で受け取る退職金はおよそ一〇〇〇万ドル(一〇億円)となり……」

それを聞いた瞬間、バリーは息苦しさを覚えた。確かワゴナーは解任された際に経営不振の責任を取って、年間の報酬を一ドルに下げたはずだ。なのに今後五年間で一〇〇〇万ドルと生涯年金七万四〇〇〇ドル(七四〇万円)を手にするという。彼はとっさにリモコンをつかむと、売り場にあるテレビのスイッチを片っぱしから切り始めた。

慣れないレジ打ちをする元GM社員のバリー

「それまで説明を受けていた客がぽかんとした表情で私を見ていましたが、私には言い訳する余裕もありませんでした。従業員の多くが私のように放り出されるのに、経営陣の連中は法外な金を受け取って悠々と歩き去る？　大規模な国民の税金を投入したのは、いったい誰を助けるためだったのか？

怒りで吐き気がしました。

電源が切れた真黒い液晶画面に映る安っぽい制服の自分を見た時、まるでシャボン玉がはじけるように、私のなかで「古き良きアメリカ」というGMの夢は消えたのです」

増大する退職生活費、貯金できない高齢者たち

バリーの話は、一〇〇年に一度と言われる金融危機が生み出した特別なケースでは決してない。この状況下で最も打撃を受けたのは、ものすごいスピードで支出が増大する高齢者たちだからだ。

アメリカでは今、多くの高齢者が将来に強い不安を抱えている。

そこにはいくつかの原因がある。医療技術の向上で平均寿命が上がったことや、物価や医療費など必要な生活支出が値上がりする一方で、社会保障の未整備に加え、賃金の上昇が止まったままであることが大きい。

サンフランシスコ在住のファイナンシャルプランナーであるリン・ザッカーマンは、アメリカ人が最低限不自由のない退職生活を二〇年送るためには、少なくとも五〇万ドル(五〇〇〇万円)の資金が必要だと言う。

「一番かかるのは医療コストでしょう。世界一医療費の高いアメリカで、昔より長生きすれば、当然それだけ多くかかるようになりますから。処方薬に診察代に入院費、すべて高騰を続けています。

もし引退した時にそれまで勤めていた会社の医療保険を失った場合、退職後に払わなければ

ならない医療保険の掛け金は、夫婦でだいたい二〇万ドル（二〇〇〇万円）ですね。ただし、在宅介護やナーシングホーム（老人介護施設）など、メディケアでカバーされない長期介護の医療費はここには含まれていません」

夫婦で退職後20年暮らすには50万ドルが必要という

現在アメリカでは、高齢者の四・五％である約一五〇万人が、ナーシングホームに入っている。ニューヨーク州にある生命保険会社ニューヨークライフ社が二〇〇六年に国内のナーシングホーム二三〇〇カ所を対象におこなった調査によると、その平均費用は個室で一日二〇四ドル（約二万円）、年間では七万四四六〇ドル（約七四四万円）、二人部屋だと一日一八〇ドル（一万八〇〇〇円）、年間六万五七〇〇ドル（約六六〇万円）になるという。

これらの費用は物価の高いニューヨークやコネチカットだと約二倍になる。

だが、メディケアが支払うのは、介護施設を退院した後の医療費のみで、処方薬はすべて自費になる。

現代の高齢者たちは肥満の拡大のせいで、昔より心臓病や糖尿病などの罹患率が高い。全米医療保険協会は、二〇一〇年までに長期介護サービスを受ける必要がある高齢者の数はほぼ三倍（一二〇〇万人）に跳ね上がるという予測を出している。

リンはまた、四％という現在のインフレ率も不安要素の一つだという。

「このまま四％で継続した場合、二〇年後の生活費は今の二倍になります。それはつまり、今年退職する人のお金の価値が、その人が亡くなるまでに半分に減ってしまうということです。もちろんインフレ率が今より上昇すれば、事態はもっと悪くなるでしょう」

「いったいアメリカでは、不安のない退職生活を送るためには、いくら必要なのですか？」

私が聞くとリンはため息をついて首を振った。

「たとえば、年収四万ドル（四〇〇万円）の人が、退職する時点で五〇万ドル（五〇〇〇万円）も持っていると思いますか？　まあつまり、余程のお金持ちでない限り、むしろ考えない方が良いでしょう。特に心臓が弱い方はね」

二〇〇四年のギャラップの世論調査によると、アメリカ国民の六六％が定年後も働き続ける予定であり、うち四五％はそうしなければ生活していかれないからだと答えている。

企業年金に一切加入しておらず、給料から天引きされる公的年金しか持たない国民が、退職後に受け取る金額は月々にして平均一〇〇〇ドル（一〇万円）以下だ。

公的年金の概要 （アメリカ社会保障局 2005 年データより）	
○ 受給する退職者人数	2970 万人
○ 毎月の平均支給額	930 ドル（翌年 955 ドル）
夫婦の場合	1532 ドル（翌年 1574 ドル）
未亡人の場合	896 ドル（翌年 920 ドル）
○ 毎月の支給額の上限	1825 ドル（翌年 1939 ドル）
○ 高齢者の約 5 分の 1 が年金以外に収入がない	
○ 現役労働者の 32% が老後用の貯蓄ゼロ	

「退職後の生活費用がそんなにかかるとわかっていて、なぜ貯金をしないのですか？」

私の問いにリンは苦笑いをした。

「二〇〇五年にアメリカ人の貯蓄率はゼロになりました。その後、不況の影響で多少上向きましたが、基本的には変わっていません。たとえば、私のところに相談に来る人々も、住宅ローンを組みたいといって財産リストを見せてもらうと、貯金がほとんどない方が大勢います。アメリカ人は将来の貯金よりも、株に投資したり、現役時代を楽しむ方を選ぶからです」

将来生き延びるための貯金は、政府や大企業が日常のあらゆる角度から奨励してきた「消費への欲望」にとって代わられる。そして、長い時間かけて刷り込まれたその価値観が維持されるよう、企業は毎年何千万ドルという広告費を使って新しい商品を宣伝し、金融機関はさまざまな特典をつけたクレジットカードを並べ続けるのだ。

ニューヨークにあるシンクタンク「デモス（DEMOS）」が二〇〇九年六月に発表した調査データによると、現在アメリカ国内の六五歳以上の高齢者が抱えるカード負債額は、二〇〇五年から二六％増の平均一万二三五〇ドル（約一二四万円）、国内のどの年齢層よりも急速に拡大しているという。

「子どものころから消費することが幸せだと教えこまれてきた人々が、いざ高齢になり医療費請求書の額が跳ね上がったからと言って、急にお金を計画的に使えるようになると思いますか？」とリンは言う。

「これは高齢者だけの問題ではありません。アメリカが追い求めてきた消費至上のライフスタイルのつけが、いま噴き出しているのです」

拡大する高齢者のカード破産

ニュージャージー州ウェスト・ニューヨークに住む七九歳のアネッタ・アイズナーにとって、いま一番恐ろしいのは電話のベルだ。

相手はクレジットカード会社の取り立て係で、日に二〇回以上かけてくる。

「どうしてこうなってしまったかわからないんです」と、アネッタは言う。

「公的年金だけでは老後の生活は厳しい」と語る

「毎年物価が上がるため、社会保障年金（公的年金）では暮らしていかれません。退職した印刷会社からの企業年金を合わせて、月々入る収入は一四五〇ドル（一四万五〇〇〇円）でしたが、七五〇ドル（七万五〇〇〇円）の家賃と、血圧と心臓の薬と抗凝固薬の処方代に二五〇ドル（二万五〇〇〇円）近くかかります。物価も光熱費もどんどん値上がりするのに、とてもやっていかれず、気がついたらカードの負債が膨れ上がっていました」

アネッタの現在の負債額は、一万三二〇〇ドル（一三二万円）で、五社のカード会社に毎月返済する利子だけで相当な額になる。彼女はなぜ自分が七九歳にもなって、こんな苦しい思いをしなければならないのか、まったくわからないと訴える。

「だっておかしいですよ。薬に食料に家賃、それに電気やガス、すべて生活必需品ばかりでしょう？　よくテレビで見るような、カード地獄に陥る買い物依存の主婦のケースとは全然違うんです。私はそんな贅沢《ぜいたく》はしません。若いころからずっとつつましい生活を送ってきた、真面目で善良な市民に、なぜこんなひどいことが起きるんですか？」

今年六〇歳になるエレーン・ブルックスは、ホールフーズというスーパーのレジ係をしている。デザイン会社の事務員として年収四万四〇〇〇ドル(四四〇万円)を得ていたが、二年前に不況の影響で解雇された。義務化されている公的年金以外にはまったく加入していなかった。公的年金は六五歳で満額支給、減額を承知で早期受給を申請するにしても、六二歳まではもらえない。たとえもらえたとしても、月額八〇〇ドル(八万円)では医療費だけですぐ破産してしまう。

「退職したくてもできません」とエレーンは言う。

「私はきっと死ぬまで働き続けるでしょう。私が退職するのはいよいよ脚が駄目になって、心臓発作か脳梗塞で倒れるときですね。数カ月前から持病の神経痛が出るようになり、それを隠すために布の手袋をしています。解雇されたら、メディケアの処方薬を受け取るための一部負担金も払えなくなりますから」

「仕事は辛いですか?」

私が聞くと、エレーンの目に涙が浮かんだ。

「指の痛みを我慢しながらの時は、どうしてもレジを打つのに時間がかかってしまうんです。そんな時、私のレジに並ぶお客さんのなかから、いらいらした声がいつ出るかとびくびくして、緊張するから余計ミスが増える。

結局あとで店長に怒られるんですが、年寄りだから仕事ができないという顔をされるのが一番つらいんです」

やはり経済的な理由から退職できず、マンハッタンのダウンタウンにある大手雑貨店のKマートで働く六一歳のトーマス・スタンウェイも同じ悩みを持っている。

「若い一〇代の客は、何か質問をしてきて私がすぐに同じ速さで反応しないと我慢できないようです。ある時、高校生ぐらいのカップルに、PS2はあるかと聞かれたのですが、私はそれが電子ゲームのことだと知らず、すぐに答えられなかった。すると彼らは私に向かって大きくため息をつき、もっと若い店員を呼んでくるように言ったんです。急に自分が役に立たないお荷物になったような屈辱感を感じました」

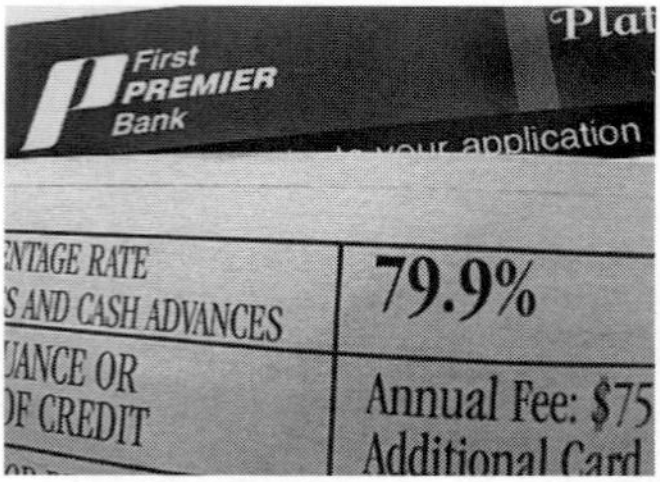

利率79.9%ものクレジットカード
（NC San Diego, 2009年10月15日）

テレビをつければ均整の取れた体型の、美しく健康な若い男女が登場し、弾けるような笑顔をふりまき、さまざまな商品を宣伝する。健康な体に十分な収入、美しい容姿など、はっきりと作られた成功者のイメージのなかには、生活苦をかかえる高齢者たちの居場所はないのだ。

一九九八年、オハイオ州にあるマクドナルドの一つで、高齢の店員を言葉で傷つけたとして他の店員がストライキをおこなうという事件があった。

立ち上がったのは、低賃金で長時間労働を強いられている一〇代の若者だった。当事者である高齢の店員と同様、差別待遇を受けている層だ。だが、会社はストライキの中心になったブライアンという若者を、その二カ月後に解雇した(Good Morning America, April, 1998)。非正規社員の彼のポストは、一週間もたたないうちに別な若者が埋めただろう。彼らもまた高齢者と同様、労働者の権利から最も遠い場所にいる。

問題は選挙より先を見ない政治なのです

二〇〇九年八月二三日、アメリカ政府は、来年度に公的年金を受け取る数百万人の給付額が削減されることを明らかにした。通常その年の物価に合わせておこなわれる給付額の調整(Cost of Living Adjustment COLA)を向こう二年間は凍結するという。

一九七五年にCOLAが導入されて以来初めてのこのニュースは、公的年金を唯一の収入とする高齢者たちを直撃した。

社会保障局によると、これによってメディケアのAプログラム(処方薬つき)に加入している三二〇〇万人の人々は、例年通り薬価が値上がりするにもかかわらず、受給額は前年のままに

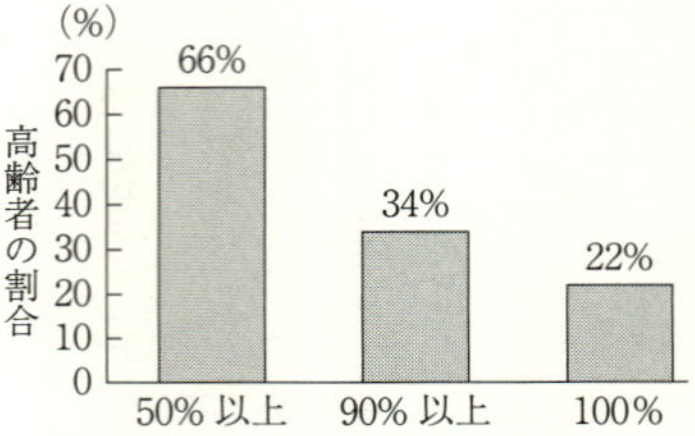

収入に占める公的年金の割合(Center on Budget and Policy Priorities)

なるため、月額負担金が二八ドル(二八〇〇円)から三〇ドル(三〇〇〇円)に値上がりすることになるという。引き上げの内容は、個人が加入するプランによって異なるが、国内におよそ六〇〇万人いるメディケア負担金を公的年金から直接引き落としている人々にとってはかなりの痛手になる。

社会保障局はまた、政府がこの問題を放置し続けると、二〇一六年に公的年金はその収入総額を給付金総額が上回り、二〇三七年には完全に崩壊することも発表した。

アメリカ連邦準備銀行の専門家でありボストン大学教授のローレンス・コトリコフは、金融ジャーナリストのスコット・バーンズとともに、アメリカ財務省の公式データを使った「世代会計理論」を打ち立てた。年金やメディケア(高齢者用公的医療保障)、メディケイド(低所得者用公的医療保障)などの社会保障支出を現役世代からの税収と比較する。ベビーブーマーの退職により、これらの費用は限界を超えて跳ね上がり、現役世代を押しつぶすだろうという警告だ。

現在の高齢者を支える負担を国が回避し、あとから来る世代にそのつけを回すことで若者は確実につぶされる。

コトリコフはまた、二〇〇六年に連邦準備銀行の広報に掲載した論文のなかで、アメリカが将来抱える債務が連邦予算の六倍の八〇兆ドルになり、アメリカ国民は収入の五五〜八〇%の税金を納めなければならないだろうと指摘した(Lawrence J. Kotlikoff, Federal Reserve Bank of St. Lewis Review, August, 2006)。

アメリカ会計検査院第七代院長のデイビッド・ウォーカーは、国家や社会全体のニーズよりも、目先の要望ばかりを優先する政治家たちの狭い視野が、アメリカの長期的な財政不均衡の大きな原因だと批判する。

「彼らの多くは次の選挙より先を見ることができないのです。だから全体像や、より大きな価値を見失ってしまう。問題は財政赤字ではなく、目先の利益を追ってできない約束をし続けることで、子や孫の将来につけを回す政府のやり方の方なのです」(Speech by David Walker, United States General Accountability Office Website)。

ウォーカーによると、二〇〇八年一〇月の時点で年金をはじめとする公的給付プログラムの債務は五〇兆ドル、国内の全世帯がそれぞれ四四万ドル(四四〇〇万円)の借金を抱えている状態だという。

これから生まれてくる世代への負担に換算すると、新生児が一人生まれるたびに一五万六〇〇〇ドル(一五六〇万円)の債務が押しつけられることになる。

アメリカのベビーブーマー世代は、二〇〇八年一月から年金を受け取り、その三年後にメディケアの受給ができるようになる。だが実際にあるのは空約束だけで、巨額の資金が不足しているのだ。

コトリコフの鳴らす警鐘を現場で実感している人々も少なくない。

高齢障害者たちもしわ寄せを受ける(ロサンゼルス・タイムズ紙, 2009年7月28日)

ニューヨーク州ブルックリンの高齢者ホームのスタッフの一人であるワンダ・マーカスも、高齢化によって膨れ上がる医療費について懸念する。

「たとえばアルツハイマー病(認知症)など、重度のケアを必要とする高齢者はこれからますます増えるでしょう。その一方で彼らの面倒を見る若い世代は、低賃金と物価上昇のせいでワーキングプアになっている。自分たちが生きていくだけで精一杯なのです」

高齢者のアルツハイマー病罹患率は上昇している。

米国アルツハイマー病協会のデータでは、現在アメリカ国内にいるアルツハイマー病患者は二五万人の若年アルツハイマー病患者を含む五二〇万人、だがベビーブーマーの高齢化に伴いこの数字は二〇一〇年から年間五〇万人ずつ増えてゆくだろうと予測されている。

アルツハイマー病患者にかかる医療費は、他のメディケア受給者の三倍以上で、年間一四八〇億ドル(約一五兆円)だという。

多くのメディアは、メディケアにかかる費用が上がり続けているのは、世界中の先進国が直面する高齢化が原因だという。ならば、アメリカの医療費だけが突出してGDP比一五%と高く(日本は約八%)、メディケアが医療費の五分の一を占めるのはなぜなのか。

ワンダはここに、政・官・民の根深い癒着構造があると言う。

「メディケアは、製薬会社や病院経営者団体から非常に強い政治圧力を受けているプログラムの一つです。彼らのロビー活動や国会議員への多額の献金によって、処方薬や診療報酬についての価格交渉は一切禁じられ、法外な額の病院の事務手続き費用が設定されている。

この国の財政赤字に拍車をかけているのは、ベビーブーマーの退職という国家の危機よりも、いま自分たちのポケットに入るお金の方を優先する彼らの強欲さなのです」

一番割を食っているのは自分たち若者だ

カリフォルニア州サンノゼに住む経済学専攻の大学院生クリストファー・コールドウェルは、社会保障は民営化するべきだと考える。

「公的年金の扱いについて、僕は政府を信用できません。国民の将来のための資金なのに、どんどん有価証券にして貸し出している。この特別発行債券は実体のないお金です。国民の将来を守るための積立金を、今すぐには必要ないからと自分たちで使ってしまうような国に任せてはおけません。

どのみち二〇代の僕たちが引退する頃には、この制度は破綻しているでしょう。だったら、今すぐ民営化して自己責任でやらせてほしい」

ブッシュ元大統領が社会保障の民営化を提案した時、クリスや彼の友人たちは積極的に支持したという。

クリスのルームメイトでフリーのグラフィックデザイナーであるマット・モリソンは、「自分は共和党支持者というわけではないが」と前置きをしたうえで、こんなふうに語った。

「今の年金システムは、中流が厚く、正社員も子どもの数も多かった時代に作られたものです。それを少子高齢化になった現代でも使い続けること自体、無理があると思う。腐敗した政府と官僚制度から、国民の資産を取り戻すことが重要です。

今の社会で一番割を食っているのは、経済的な機会の不平等に加えて、世代間不平等まで押しつけられている自分のような若者世代なのですから」

「自分たちの年金が投資に回るというシステムに不安はありませんか?」

「確かにリスクはあるかもしれませんが、政府や役所が年金基金を危険な債券に変えながら、国民にあてのない約束をし続けるのを黙って見ているよりはましです。政治も企業も官僚も、誰も僕たち若者世代の将来など気にしていない。ならば自分たちに選択肢をくれる民営化の方がずっといいですね」

ブッシュの公的年金民営化構想は、徴収した社会保障税の一部を個人の年金勘定に移すというものだったが、結局、現役退職者への給付額調達のための費用がかかりすぎるという理由などから議会の反対にあい、廃案になった。

だが、「世代間不平等」を肌で感じる若者の不満と政治不信は、構造改革をしない限り、拡大し続けるだろう。

二〇〇八年末、破産申請をする自動車業界に公的資金を注入する政府の救済案が発表された時、その年金運用の内情を見て救済に反対する声は少なくなかった。シカゴに住む二五歳のパラリーガル(弁護士助手)、ジュリー・アンダーソンもその一人だ。彼女と彼女の友人たちは、「この救済案に反対する」というメッセージを地元の上院議員に何枚もファックスしたという。

「GMをはじめとするビッグスリーの破綻劇は、私たちから見れば馬鹿馬鹿しいの一言です。高齢の退職者が一番の犠牲者のように言われていますが、あんな高額の年金と医療費つきの退職生活ができたのは誰のおかげですか?

UAWの交渉力? とんでもない。犠牲になってきたのは若い労働者たちですよ。退職者を守るために若い世代の賃金や福利厚生が減らされるというのは、今アメリカ国内のあらゆる場所で起きている。そのつけは全部私たち若者に回されるのです」

ジュリーは六つ年上の恋人と同居しているが、二人ともまだ学資ローンの借金を抱えているうえ、彼が二年前に脳卒中で倒れた父親の介護をしているために、結婚はまだ先だという。

「ベビーブーマーの退職生活を支える若者の数が足りないと言われますが」とジュリーは皮肉な口調で言う。

「毎年生活のための支出が増えていく国で、どうやって結婚して子どもを産めというんでしょう? 男性は非正規が増えたし、女性の賃金の低さと公的な育児支援の少なさはちっとも変わる気配がない。保育年齢をすぎたら今度は、政府の予算カットで膨れ上がった教育費の負担が待っている。家計はおしつぶされます。政府は子育てのコストまで私たち若者に押しつけているんです」

「オバマ政権でその方向性が転換する期待はありますか？」

「オバマ大統領はメディケアの受給年齢を上げる法改正に反対しています。これから退職するベビーブーマーたちの票を期待していい顔をしたいのでしょうが、その財源は誰が引き受けるんです？　ベビーブーマーたちは手厚い年金をもらえる最後の逃げ切り世代、増税でますます生活が苦しくなるのは私たちの世代なんですよ。いったい若者の未来より高齢者の晩年に投資する国に、未来はありますか？」

市場の自由と政治的自由

カリフォルニア州ハンターズポイントで雑貨店を経営するフリオ・ガルシアは、市場の自由と政治的自由とは似ているようでまったく違うと指摘する。

「民営化が与えてくれる選択肢というのは個人的なものです。それによってもたらされるのは、あくまでも個人的利益であって公共の利益ではありません。

私たちは、なぜ市民として社会保障税を支払うのか、もう一度考えてみる必要があるでしょう。国民から集めた税金を、みなが安心して暮らせるように予算配分するのは政治家の仕事ですよ。機能しないから民間に丸投げするというのなら、高給取りの政治家など要らないのです」

民間の金融機関に二万六〇〇〇ドル（二六〇万円）の借金をして大学に行ったフリオの娘ドロレスも、民営化に反対する一人だ。

「いつのまにか、官ではなく民が中心になった学資ローンが、どれだけ私のような借金漬けの若者を作り出しているかわかりますか？　年金の民営化も根本の考え方は同じです。公共の福祉がなくても痛くもかゆくもないお金持ちは支持するでしょう。苦しむのは、競争のなかで切り捨てられた時、あとがない私たちのようなマイノリティや若者、高齢者や障害者なんですから」

元民主党の連邦下院議員で、二〇〇八年の大統領候補の一人でもあったシンシア・マッキーニーは、社会保障改革と政治の関係についてこう語る。

「高齢化社会にシフトすることはずっと前からわかっていたはずなのに、政府は年金問題に手をつけるのを避け続けたのです。そこにはＡＡＲＰ（米国退職者協会）などのような、政治的に強い影響力を持つ高齢者のロビイスト団体の存在がありました。彼らは自分たちの権利を守ろうと、つねに積極的に活動を続けている。選挙の寄付金や票田にマイナスに影響する社会保障改革は、議員たちにとってアキレス腱なのです」

「公的年金以外の４０１ｋなどの企業年金は、高齢化してゆく社会のなかでどんな役割を果たしていますか？」

４０１ｋというプランは、一九七〇年代にペンションプラン（給付型年金）の新しい形として法制化された確定拠出型の年金だ。企業は拠出分の責任は負うが、最終的な給付額に関しては本人の自己責任になるため、積み立て不足額が会社の経営に影響することはない。給付型と同様に税制面での優遇はあるが、企業の掛け金は全額ではなく一部だけなので、コストも安上がりですむ。

経済が低迷するにつれ、経営難に苦しむ大企業が次々と生涯保障型の給付型年金を中止し、４０１ｋに切り替えるようになった。

「４０１ｋは個人が自己責任で資産運用するために、アメリカ人の大好きな「自由」への憧れを揺さぶります。でも実際は、社員ではなく企業のために作られた制度なのです。企業にとって退職者に生涯支払いを続ける給付型年金は何とかしてつぶしたい存在でしたし、平均賃金の七％を企業側からも入れなければならない給付型に比べて、４０１ｋのそれは平均二％とはるかに費用が安くすむ。

でも株式市場の動きに左右される４０１ｋはリスクも大きいのです。

たった二年半で株価が四割も下落して、七・七兆ドルもの金額が失われました。最終的に自己責任というシステムに将来の保証をかけるのは危険すぎます」

二〇〇〇年に発表された４０１ｋの残高は、平均四万九〇〇〇ドルだった。

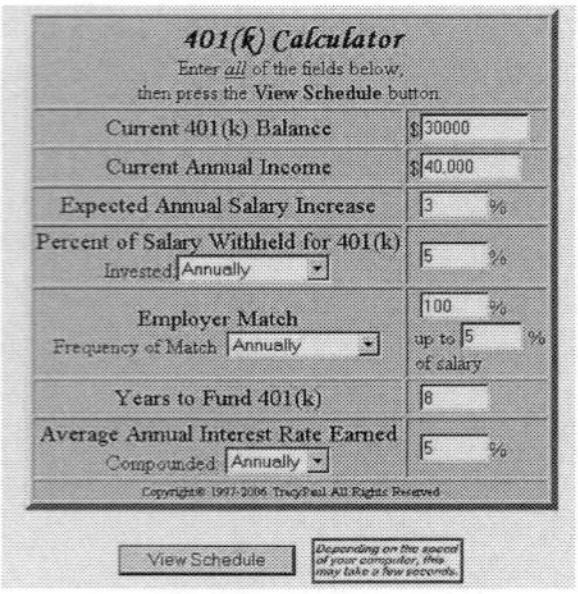

401k の残高自動計算画面

しかし実際の内訳をみると、平均値を引き上げたのは法外な報酬を得る役員たちの分であり、アカウント全体の四四％は残高が一万ドル以下となっている。

従業員福利厚生調査機関（ＥＢＲＩ）のデータによると、現在、退職直前である国民の４０１ｋ残高の平均は年収の三倍で、約七年で底をつくという。平均寿命が七〇代後半まで延びている現状から計算すると、彼らはその後一〇年あまり公的年金だけで生活することになる。

経済政策研究所のクリスチャン・ウェラーは、アメリカの社会保障政策と医療費高騰、そして高齢者の貯蓄率について分析し、「平均的なアメリカの家庭が、退職生活に必要な金額を貯めることができる可能性は、少なくとも今後五〇年間ゼロだ」と予測した(Christian E. Weller, *Raising the Retirement Age: The Wrong Direction for Social Security*)。

アメリカ国税調査局は、一九六〇年に国民の一一人に一人だった六五歳以上の高齢者の割合は、二〇〇九年現在では八人に一人、二〇三〇年までには五人に一人になるという予測を出している。

年金システムは、現役世代の人口が退職する高齢者の数を上回っていたことで機能してきた。だが、世代間人口比率が逆転し、ギャップが拡大するほどに、このシステムの崩壊は加速するだろう。

「問題は金融危機ではないのです」。前述したジェフ・ゲイツは言う。

「あれをきっかけに、長年この国を蝕んできた病巣が表面に噴き出したにすぎません。目先の利益を追って支払いを先送りするという「クレジットカード体質」から抜けだせるかどうか。身の丈以上に消費してきた国民が、「ファイナンシャル・リテラシー」を身につけられるかどうか。政府が本気で国の将来を考え、方向転換を導けるかどうか。それが今、アメリカという国が直面している真の課題なのです」

第３章

医療改革 vs. 医産複合体

「全国民に医療保険を！」を訴えて座り込みをする人々
（In the News, 2009 年 9 月 2 日）

魔法の医療王国

二〇〇九年八月、インターネット上にこんな文章が載せられた。

地域の方々へ

私たちRAM(Remote Area Medical　遠隔地医療隊)が、あなたの住む町を訪れます。八月一一日から一週間、ロサンゼルス南部イングルウッドにおける「フリー医療フォーラム」では内科、歯科、眼科の診療を提供します。費用はすべて無料です。医療保険をお持ちでない方、保険は持っているが必要な医療を受けていない方、失業中の方、もしくは経済的な理由で受診をあきらめている方も、すべての方を歓迎します。

予約は必要ありません。いらした方から順番に診察いたします。

どうかこのフォーラムについての情報を近所の方々や学校、その他地域にいるあらゆる人々に広めてください。

＊注意　当日は長蛇の列が予想されますので、待機中の軽食をお持ちください。なお、

混雑を避けるため、フォーラム期間中の開門時間は朝の三時半から夕方五時半までとさせていただきますので、ご了承ください。

　　　　――問い合わせは、RAMのジーン・ジョリーまで（XXX―XXXX）

八月一一日、かつてプロバスケットボール・チーム、レイカーズが試合をしたというイングルウッドの町にある競技場には、治療を求める約一五〇〇人の人々が殺到し、びっしりと並べられた診察台がわりの長椅子の上に次々と横たわった。会場は町の教会が借り上げて、地元の病院やRAMなどのNPOの医師や看護師、歯科医に検眼士、ボランティアなど数百人のスタッフがそれぞれのコーナーで診療を引き受ける。

地元のクリニックで歯科助手をしており、このフォーラムにボランティア・スタッフとして参加したベッツィ・マクフライは、現場の様子をこう語る。

「二〇〇〇年からやっているこのフォーラムで、いつも希望者が一番多いのは歯の治療です。今年はカリフォルニア州が財政破綻で、七月以降メディケイド（低所得者用公的医療保障）から歯科と眼科の適用を外した結果、数千人が治療保障を失ったので、歯科と眼科に来る患者数がすごかったですね。

途中トイレに行こうと外に出たら、道のはるか向こうまで座り込む人々の列が延びていました」

「保険のない人たちですか？」

「そういう人ももちろんいますが、今年の特徴は保険を持っている人たちの急増でした。メディケイドで入れ歯を作っている最中で適用を切られた六一歳の患者さんや、不況で失業して保険を失ったために歯根管治療の途中で放り出された会社員などが、たくさんいました」

入れ歯を作っている最中だったというその痩《や》せた老人は、自分の番がくると、ベッツィに向かっていきなり口を開けて見せたという。老人の口のなかには歯が数本しか残っていなかった。そのせいで七月以降、固形物がほとんど食べられず、ひどく痩せてしまっていたのだ。

「それに比べて、歯根管治療の途中で失業した男性の方は、そう静かに、というわけにはいきませんでした」とベッツィは言う。

「列に並んでいる途中から大声で痛みを訴えていたんです。来場した人から順番にという決まりがあるんですが、あまり騒ぐのでちょっと見せてもらったところ、歯茎が炎症を起こしてひどく出血し、緊急治療が必要な状態でした。歯は外からは見えませんが、悪化すると脳にまで影響する。とても危険なんです」

現在アメリカ国内で歯科医療保険を持っていない国民は一億人、約三人に一人いる(U.S. Government Accountability Office Report, 2008)。

貧困層では数百万人の子どもたちが、治療しないままの虫歯を持っている。まだ小学生で歯がすっかり抜け落ちてしまっている子どもも少なくない。

歯と貧困には深い関係がある。他の病気と違い、歯には自然治癒というものがないからだ。放置すればするほど虫歯は悪化し、口内で他の健康な歯も侵食してゆく。治療を先延ばしにするほどに費用は右肩上がりに上がり続け、やがてボロボロになって手がつけられなくなる。フォーラムの歯科コーナーでおこなわれた抜歯は、初日だけで一〇〇本近かった。

「子どものうちに歯の治療ができなければ、大人になっても普通の職に就く可能性はかなり閉ざされるでしょう。この国では、歯の状態は採

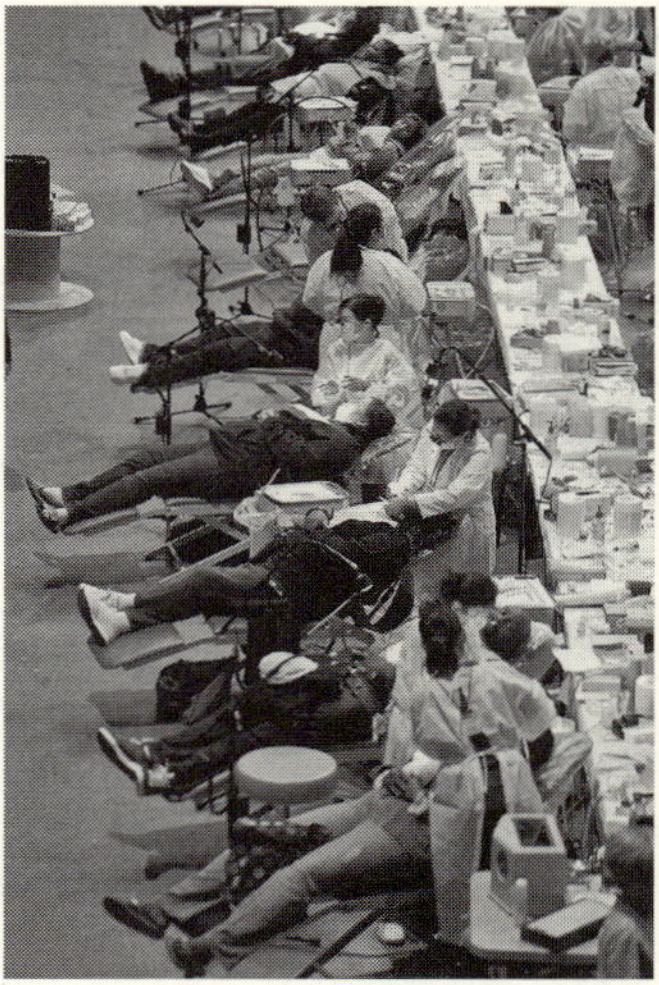

RAMによる無料の歯科診療には多くの人々が殺到した(カリフォルニア州イングルウッド, AP Images)

用を大きく左右するんです。歯が欠けていたり黒かったり、抜けている候補者はまず面接で落とされます」

歯科治療だけではない。予防注射や血圧測定、結核検査に関節の痛みを緩和する鍼《はり》治療を施すテーブルもある。

眼科コーナーには、寄付で集めた中古の眼鏡がずらりと並べられている。患者は視力検査を受けた後で、度の合ったものを無料で持ち帰ることができるのだ。

一日目は、一五〇〇人の来場者のうち治療を受けたのが約一〇〇〇人。受けられなかった五〇〇人は翌日に持ち越すことになったが、各地からやってくる人々が夜中過ぎから並び始め、数千人に膨れ上がった。

インターネットでこのフォーラムの存在を知り、シアトルから長距離バスで二五時間かけて来たという四二歳のローザ・グリフィンは、極度に進んだ乱視とリウマチのせいで、日常生活が困難になっていた。一年前に失業して保険を失ったせいで、ずっと作れなかった新しい眼鏡を渡された時、思わず涙が出たとローザは語る。

「杖をつきながらフォーラムにたどりついた時、一緒に来た娘が言ったんです。「ほらお母さんもう大丈夫よ。この門の向こうには、お母さんを痛みから解放してくれるお医者さんや看護師さんがいるわ。いくら請求されるんだろうってビクビクしなくてもいいのよ」と。

そしてそれは本当でした。眼鏡をかけて視界が戻ったら、気持ちまで明るくなりました。しかも彼らは私に鍼を打ち、リウマチの痛みも取り除いてくれたんです」

「医師やスタッフたちの対応はいかがでしたか?」

RAMの眼科コーナーには中古の眼鏡が並べられている(カリフォルニア州イングルウッド, AP Images)

「最高でした。失業して保険をなくしてからというもの、病院に行くと冷遇されるので、怖くて行けなくなっていたんです。でもフォーラムのスタッフたちは、保険がない私にも他の人たちと同じように親切にしてくれました。実はこの一年、視力のことやリウマチのことを誰にも相談できず、不安になっていたんです。でも、彼らは私が何を聞いても嫌な顔ひとつせず答えてくれました」
「とても混んでいたようですが、待ち時間はどれくらいでしたか?」
「私たちは全部で五時間待たされました。でもスタッフたちは人間らしく尊重してくれたし、やっと治療が受けられると思うと、苦にはなりませんでしたね。周りもみんな晴れやかな表情でしたよ。おかしな言い方ですが、何だかディズニーランドのような雰囲気でした。門をくぐると誰でも自由に好きな場所に行って必要な治療を受けられる。言うなればそこは〈魔法の医療王国〉だったんです」

イングルウッドのこのフォーラムは、全米で最大規模の無料医療イベントとして国内のメディアに取り上げられた。

多少回復に向かったとはいえ、アメリカの二〇〇九年八月時点での失業率は、前月比〇・三ポイント増の九・七%、一九八三年六月以来の高水準だ。

人々は職と保険を同時に失い、労働人口の三分の二が無保険または必要な医療を受けていない。自治体は貧困層への公的医療予算を削減し、医療費や処方薬代は上昇を続けている。

現在の最低賃金は、四〇年前よりも低い実質時給三ドル(三〇〇円)だ。

医療費の増大により、三九%の人が貯金を使い果たし、三〇%が巨額のクレジット負債を負い、二九%は食費・光熱費・賃借料など基本的な生活費の支払いができない状況にあるという。

収入の一割以上を医療費に使う人が急増、年収二万ドル以下の人では、二〇〇一年には二六%だったのが、今ではその二倍以上の五三%に達している。

二〇〇九年、ハーバード大学の医学部研究チームは、医療保険を持たない国民のうち年間四万五〇〇〇人、一二分に一人が死亡しているという調査結果を発表した。

前述したRAMは、テネシー州ノックスビルで一九八五年に設立され、全米や海外をまわって無料医療を提供している医療系NPOだ。さまざまな専門医やカウンセラー、医療施設の少ない地域に不足している医療機器を空輸するスタッフにフィールド・ボランティアなど、約二万人が登録している。二〇〇五年にルイジアナ州をハリケーン・カトリーナが襲った時は、現地で五〇〇〇人の被災者に心身の治療を提供したという。

RAMに所属する眼科医の一人であるトーマス・ベイツは、現在のアメリカが直面している問題についてこう語る。

「今年の夏、私たちはオバマ大統領がバージニアに行く直前に、日程を合わせてフォーラムを開催しました。「アメリカの国民がいま一番何を求めているか、その答えがここにあります」と書いたプラカードをいくつも出して、メディアの関心を引いたのです。オバマに現状を見てほしかった。もっと言うと、上院下院すべての連邦議員にです。

今回イングルウッドでのフォーラムを見ればわかるでしょう？　数百人のスタッフの所に、たった一週間で医療を必要とする国民が八〇〇〇人も集まってくる。私たちボランティア・スタッフは、慢性的な人手不足に直面しています。これは国単位でおこなわれなければならない、それもいますぐにです。アメリカの医療問題は限界に来ている。私たちはそのために、チェンジを掲げたオバマを選んだのです」

オバマ・ケアへの期待

イングルウッドでの医療フォーラムがおこなわれてから一カ月後の九月一二日、ゴールデンタイムにテレビ出演したオバマ大統領は、カメラの向こうのアメリカ国民に向かってこう宣言した。

「私はこの目標に取り組む最後の大統領となる決意をしている」

オバマの言う目標とは、RAMの医療従事者たちや国内で適切な医療を受けられずに苦しむすべての国民が願い続け、一世紀前から為政者たちが何度も取り組み、そのたびに失敗を繰り返してきた「医療保険改革」のことだ。

GDPの七分の一を超える医療費と国民の約七人に一人の無保険者を抱えるアメリカ。高額な医療費支出の削減と新たな公的保険による無保険者の解消を目指した「オバマ・ケア（オバマの医療改革）」に、国民は大きな希望をかけた。

政権交代のあとにやってくるだろう真の変革への期待。新大統領への支持率は、就任直後に七〇％という高い数字を出した。

オバマは二月におこなった演説のなかで、無保険者の削減と医療費の抑制を宣言した。予算教書のなかでも経済危機脱出のための新規雇用三五〇万人分の創設、四年後までの財政赤字半減と並べて、医療保険未加入者の解消を発表している。

だが、国内外のメディアや専門家たちの多くは、この公約実現への道のりは非常に困難なものになるだろうと報道した。

アメリカにおける唯一の公的医療保険制度は、一九六五年に作られたメディケア(高齢者用)とメディケイド(低所得者用)の二つだ。

オバマが解消しようとしている四七〇〇万人の無保険者の大半は、「六五歳未満、なおかつメディケイドの受給資格を満たす程の貧困状態ではない層」、つまり職を持ち、ある程度収入のある中流層がメインになる。

ここでは現在、年収が二〜四万ドルの層で無保険者は四一％、四〜六万ドルの層でも一八％と、年々拡大している。

「無保険者の主流が経済的に貧しい層や高齢者ではないこと、実はここにアメリカの医療現

アメリカの医療保険の仕組み

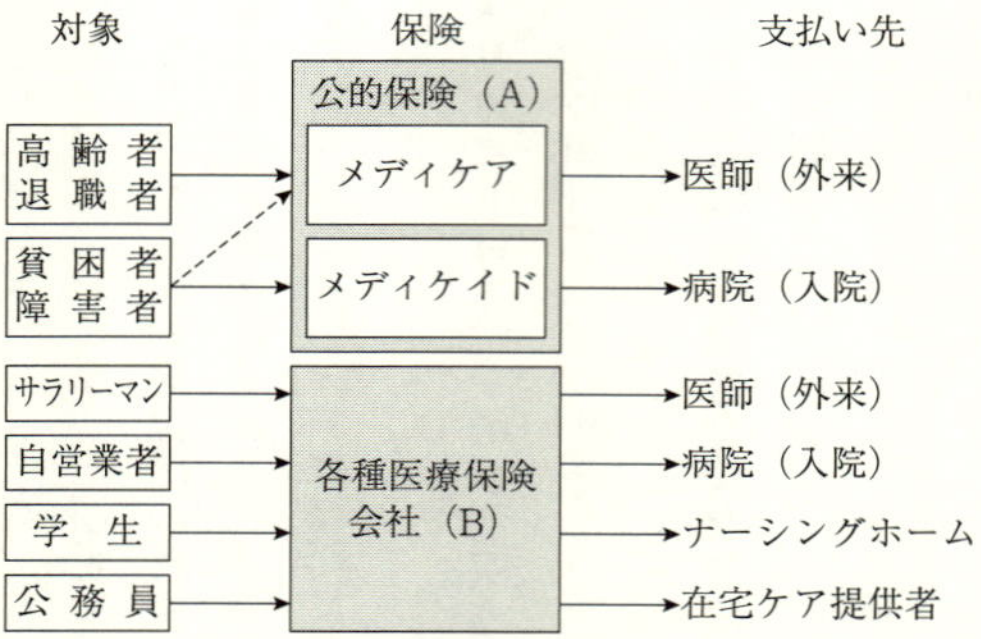

図は現在の医療保険制度を単純化したもの．(A)を(B)の部分まで拡大し，政府が一元的に管理するのが「単一支払い皆保険制度」．(B)を公的保険と競争させるのが「公的保険オプション制度」である．

場を侵食する病巣があるのです」

　そう言うのは、オクラホマ大学病院で一〇年間副管理責任者を務めたという、ボブ・ニコラスだ。

「人口の一%に満たない無保険者の救済に焦点をあてるならば、普通に仕事を持ち、医療保険を持っている中流層が次々に破産しているシステムそのものを検証しなければ意味がありません」

　二〇〇九年に医療費が払えず破産を申請している国民は約九〇万人、そのうち七五%が医療保険を持っている。

「国の医療支出を抑制しながら、なおかつすべての国民が医療保険を持つという条件を満たすには、どんな制度が良いと考えられますか？」

「私たち医療現場の人間の多くは、同じ意見を持っています。メディケアを国全体に拡大した「単一支払い皆保険制度（Single Payer System）」です。今ではアメリカ国内の医師の半分以上がこれを支持しています」

日本、カナダ、イギリスなど多くの先進国で適用されている単一支払い皆保険制度。医療を受ける側が民間の企業を介さず政府や公的機関に直接保険料を支払い、少ない自己負担で診療を受けられるシステムだ。

オクラホマ大学病院のボブ・ニコラス

アメリカのように民間の保険が中心の国では、患者と医師の間には政府ではなく医療保険業界というビジネスが存在する。
前著『ルポ　貧困大国アメリカ』でも記したが、彼らは病院の株主のような役割を果たし、被保険者を提供した先の病院や医師たちに経営方針どころか治療方針にも指示を出す。そして保険を提供する患者には、年齢や健康状態で保険料に格差をつけたり、過去の病歴などを理由にして、保険金の支払いをしぶり、利益をあげる。

医療現場を閉塞させ、医療難民や破産者を生み続ける原因は、利益と効率を最優先する市場原理の力学なのだ。

「現在のアメリカは、収入が多い人ほど保険料が安くなるという逆累進性です。大企業のCEOなどは、保険料ゼロで最高レベルの医療を家族そろって受けられるのに、収入が低い人間は保険料も医療費も負担が重くなる。日本やカナダとはここが正反対なのです。

もし単一支払い皆保険制度にすれば、支払う保険料の額は所得によって決まるため、この累進性が所得再配分機能を果たすことになります。政府が保険者として価格交渉をすることで、法外な医療費や処方薬費用も抑制される。

もちろんそれぞれの国で細かな問題はあるでしょう。でも、少なくともすべての国民に最低限の質の医療を保障するベースとしての制度が、アメリカには必要なのです。いったい毎日一二二人もの国民が必要な医療を得られずに死んでゆく先進国が、他にありますか?」

かつて同じように皆保険制度を導入しようと試みて失敗したのは、クリントン大統領だった。一九九三年、あの時ヒラリー・クリントン夫人が旗振り役となって進めた医療保険制度改革は、世論の支持も高く、成功するかのように見えたのだ。だが最後には……。

そう伝えると、ボブはうなずきながら言った。

「ええ、そうです。現制度から莫大な利益を得ている、医療保険業界と製薬会社の横やりでつぶされました。医産複合体の力のせいです。でもオバマ大統領なら、今度こそうまくいくかもしれないと期待する医療従事者は少なくありません」

「なぜですか?」

「国民の声を聞くという彼の公約です。今、一五万人の会員を持つ全米看護師組合をはじめ、多くの医療従事者が単一支払い皆保険制度を望んでいる。オバマは選挙中に、この問題に関しては、あらゆる立場の声に耳を傾けると宣言しました。政治家は言葉ではなく行動がすべてです。大統領が私たちの声に耳を傾けたその時が、いよいよチェンジを起こす正念場です」

「単一支払い皆保険制度の支持を！」のポスター

排除される単一支払い皆保険制度派の声

二〇〇九年三月、オバマ大統領は医療改革を考えるための識者や関係者による「医療改革サミット」をホワイトハウスで開催した。サミット前にオバマはこう言った。

「あらゆる人々の意見を公平に聞き、議論を重ねたうえで、この国にとってベストな道を模索することが重要だ。一つの意見だけが優遇されることもないが、全員の希望が通ることも難しいだろう。だが完璧な方法を求めすぎて改革をこれ以上遅らせることだけは、もうできないのだ」

大統領の言葉通り、アメリカの未来を左右する改革への第一歩となるこのサミットには、医師や弁護士、医療保険業界関係者、患者の代表など、さまざまな立場の人々が全米から招待された。たった一つのグループを除いては——。

「単一支払い皆保険制度の推進者たちです」

単一支払い皆保険制度を求める市民たち

医療保険改革について取材するワシントン在住の医療ジャーナリスト、サミュエル・ウォードは言う。

「彼らの名前は、そもそもサミットの参加者リスト自体から外されていました。約束が違うと言って怒った人々とともに、彼らがホワイトハウスの周りでデモをすると、政府はしぶしぶ単一支払い皆保険制度推進派のジョン・コンヤーズ民主党議員一人のみに、サミット参加を許可したのです」

ジョン・コンヤーズは数年前に、「全国民にメディケアを（Medicare for All Act）」という単一支払い皆保険法案（HR六七六）を議会に提出した議員だ。同法案には他に六〇人の議員が支持を表明している。

「サミットから特定のグループを排除した政府のやり方について、メディアはどんな報道をしましたか？」

「その事件は大手メディアでは報道されませんでした。それどころか、選択肢としての単一支払い皆保険制度そのものが扱われなかったのです」

ニューヨークにある報道監視NPO、FAIR（Fairness and Accuracy in Reporting）の調査データによると、この医療改革サミットについて、国内大手の報道番組であるNBC、ABC、CBS、CNN、NSNBC、NPR、FOXニュースなどのテレビで一週間に流れた数百のニュースと一八の特集番組のなかで、単一支払い皆保険制度について言及されたのは三回、それもすべてこの制度を厳しく批判する内容だったという。

また大手新聞一〇紙でも、この制度について触れた記事は三カ所のみで、そのうち二つは読者から編集長への手紙欄だった。

「わかりますか？　多くの国民は「単一払い皆保険制度」というシステムについてすら、知らされていないのです」

だが、議論のテーブルから排除された単一支払い皆保険制度推進派の人々の数は拡大を続け、彼らは、その後も政府のやり方を批判、この案こそがアメリカに必要な改革だと声を上げている。

二〇〇九年五月に上院の財政委員会でおこなわれた医療改革公聴会では、参加を拒否された単一支払い皆保険制度推進派の医師や看護師五人が警備員を押し切って入室、マックス・ボーカス上院財政委員長の指示で、ただちに全員が逮捕された。

公的保険を攻撃するハリー&ルイーズのCM

一九九三年にクリントン大統領夫妻が医療保険改革を進めようとしていた頃に、頻繁にテレビに流れたコマーシャルがあった。

どこにでもいそうな白人の中年夫婦、ハリー(夫)とルイーズ(妻)が、食卓に座って皆保険制度について話している。

「ねえ、保険制度が変わったらどうなるの?」と聞くルイーズに、ハリーが答える。

「皆保険制度になって政府が仕切るんだよ」

「えっ、そんな制度が実現したら保険料はどうなるの？」

「もちろん今より高くなるさ。それだけじゃない。自由な選択肢が奪われて政府が仕切るようになるし、大量の無保険者が入ってくるから、医療の質はぐんと悪くなるよ」

医療保険会社が制作したこのＣＭは、新制度への恐怖を効果的にあおり、皆保険に傾きかけていた世論を一八〇度ひっくり返すことに成功した。

それから一六年後の二〇〇九年、あの時と同じ妨害が再び起きるのではという問いに、オバマ大統領はこう答えている。

「もし保険会社や医薬品メーカーが、再びハリーとルイーズを使った広告を出したとしたら、私は大統領としてこちら側の広告を出すつもりです。

私自らがテレビに出演してこう言いますよ、「ハリーとルイーズは嘘をついている」とね」

業界の抵抗には強硬な態度で臨むと宣言したオバマ大統領に、改革を望む多くの人々は期待をかけた。

ニューヨークのブルックリンに住む弁護士、ラトヤ・ターナーとその同僚たちは、オバマ大統領の言葉をラジオで聞いた時の興奮をこう語る。

「とてもわくわくしました。ついにこの国の医療が健やかなものになる日が来ると感じたからです。全米トップ弁護士一〇〇人に入るヒラリー・クリントンでさえ屈した、巨大な医療保険業界に果敢に立ち向かうオバマ大統領は、ヒーローに見えました。私たちはカフェラテのカップを片手に乾杯し、事務所で歓声を上げたのです」

ラトヤの勤務する弁護士事務所は、医療破産や医療債務についての案件を多く扱っている。医療保険を持たない患者に請求される医療費は世界一高額なため、通常はほとんどの患者が支払い不能におちいるからだ。

彼らの多くは公的医療保障(メディケイドとメディケア)の受給資格から外れる、仕事を持つ労働者たちだという。

「医療費で破産が出る理由は二つ、医療保険料と医療費が高すぎるからです。医療保険は独占市場で競争が存在せず、保険料は上げ放題になっている。だから、普通に働いて収入がある人でも、無保険にならざるをえないのです」

アメリカ医師会の調査データによると、全米にある三一四の都市のうち九四%の地域では、一社あるいは二社の医療保険会社によって市場が支配されている。一五州では一社のみが市場の五〇%以上を、七州では七五%以上を独占している状態だ(American Medical Association Data 2008)。

「私はオバマ大統領が政府による公的な医療保険制度の必要性を理解していると信じています。公的な医療保険が導入されれば、医療保険会社は地域を独占できなくなるとオバマは言っている。政府の公的保険と競争するために、民間の会社は保険料を値下げせざるをえなくなるというわけです」

ヘルスケア・コンサルティング会社ルウィン・グループのデータによると、政府が公的保険制度を導入した場合、現在民間の医療保険に加入している国民一億六〇〇〇万人のうち、公的保険に切り替えると予測されるのは一億三〇〇〇万人だ(Lewin Report 2009)。

「医療保険業界は、自分たちから利益を奪う公的保険制度の導入を、あらゆる手を使って妨害するでしょうね。でも今は時代が変わりました。医療問題が中流層まで直撃するようになり、従業員用の保険料も一九九三年から二〇〇五年までに倍以上の三六七〇億ドルになって、企業経営を圧迫しています。

破綻した自動車会社ビッグスリーの幹部が、政府に向かって国民皆保険を懇願した時、私は思いました。ハリー&ルイーズのCMが流れても、国民はもう騙されないと」

二〇〇九年五月一七日、ワシントン・ポスト紙は、大手医療保険会社のブルー・クロス社とその系列である非営利の大手医療保険団体のブルー・シールドが、政府の公的医療保険導入を妨害する広告キャンペーンを準備していることを明らかにした。

その記事を読んだ時のことを、ラトヤはこう語る。

「まるでデジャヴのようでした。彼らが計画しているというCMの内容は、一九九三年に見たあのハリー&ルイーズと同じストーリーだったからです」

「ヒラリーをつぶしたのと同じ妨害キャンペーンに、オバマはどう対応すると思いますか?」

「オバマ大統領は、広告で妨害されても屈しないとはっきり言っていますから、大丈夫だと思います。それにもう一つ明るいニュースがあるんですよ。一九九三年とは明らかに違う新しい出来事がね」

「それは何ですか?」

「製薬業界がオバマ・ケアに支持を表明しているんです」

それから一カ月後の六月二二日、この件についてラトヤから電話があった。聞くとオバマ大統領が彼女の期待通りに動いてくれ、ニュースでこう言うのを聞いて、思わず同僚と祝杯をあげたと言う。

「ねえ、オバマ大統領はこう言ったんですよ。製薬会社との合意が成立した。この国の財政を圧迫し、国民を苦しめている医療費高騰の問題は、これによって解決に向かうだろうと」

それはオバマ大統領が、大手製薬各企業との間の交渉の結果、医薬品価格を今後一〇年で八〇〇億ドル値下げする合意を取り付けたというニュースだった。

製薬業界のオバマ・ケア支持と広告費

ラトヤとその同僚たちを喜ばせたというオバマ大統領の値下げ交渉のニュースをはじめ、製薬業界は積極的にオバマの医療改革に支持を表明した。

二〇〇九年前半の半年で製薬業界がロビー活動に費やした広告費は、二六〇〇万ドル（二六億円）。今回オバマの医療改革を支持する広告予算には、約一億五〇〇〇万ドル（一五〇億円）が組まれている。

ラトヤのようにチェンジへの期待を膨らませる人々がいる一方で、サンフランシスコ在住の内科医ジェイムズ・チャンは、この交渉が成功したという報道に懐疑的だ。

「そりゃあ製薬業界は喜んで支持するでしょう。ただし、チェンジが起きたと言って熱狂する人たちが信じているのとは、別な理由でね。

この国の財政を瀕死の状態にしている医療費高騰、その大きな原因の一つは、処方薬の値段が企業側の言い値になっていることなのです。だから、高齢化で増えるメディケアが州政府の財政を破綻させる。年間二〇％ずつ薬価が値上がりするなんて、それ自体が異常ですよ。

製薬会社が値下げに応じたというニュースに私も初めは興奮しましたが、そのあとふと思いついて、ある計算をしてみたのです。今後一〇年で見積もられる処方薬の総額を。

出してみて愕然としましたよ。三兆六〇〇〇億ドル、つまり八〇〇億ドルとはそのわずか二％じゃないですか。

企業側には痛くもかゆくもない。砂漠化するアメリカの医療現場にとっては、一滴の水にもならない額ですよ」

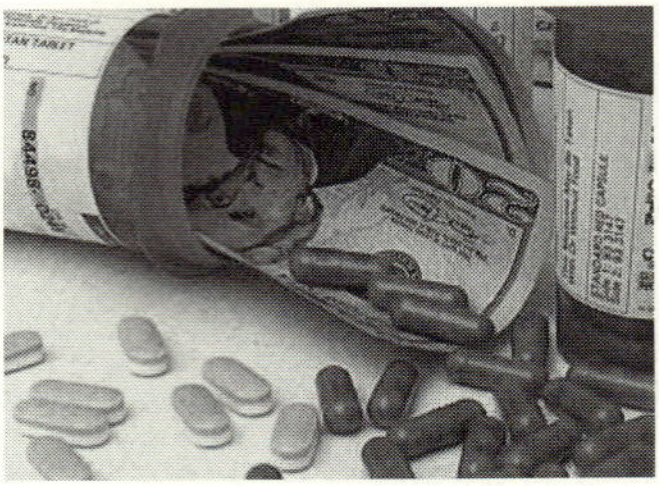

薬価は毎年上昇していく

「製薬業界は値下げする代わりにどんな条件を出したのですか？」

「問題はそこなのです」とチャンは言った。

「オバマ大統領の公約の一つに、メディケアの処方薬に関する値引き交渉を製薬会社とおこなうというものがありました。まさに製薬業界が最も恐れている政策です。私が大統領選で彼に一票を投じた理由も、この公約に期待をかけたからでした。

製薬業界はどうしたか。二％の値下げと引きかえに、この公約を今後一〇年間見送ることを合意させたのです。ついでに外国から安く薬を輸入するという公約も、オバマは一緒に破棄してしまいました」

「ですが製薬業界は、オバマ大統領の医療改革を支持する広告を積極的に出しているはずでは?」

「ええ、その通りです。だから私は初めこう思っていました。ああ、時代が変わったのだ、と。国を破綻させるレベルで医療崩壊が進み、待ったなしの状況が来たことで初めて、大企業も危機感を持ったのだと。多くの熱狂的なオバマ大統領支持者のように、私も心の中でこう叫びました。チェンジだ！　とね。

私は忘れていたのです。たとえ医療崩壊で国民のいのちが奪われ、国の財政が破綻したとしても、それを救う責任は企業ではなく国にある、企業の最優先事項が利益だという黄金の原則は、決して変わらないということを」

チャンの話には後日談がある。

彼はニューヨーク・タイムズ紙で、オバマ大統領と全米病院協会のロビイストとの間でも交渉がおこなわれたことを知った(*New York Times*, August 13, 2009)。記事によると、病院協会は大統領側から、今後一〇年間で上限六兆ドルまで医療価格の値上げを許可されたという。

医療保険業界と共和党による反オバマ・ケア・キャンペーン

一方、医療保険業界と共和党は、オバマ・ケアのなかの「公的保険オプション」自体に初めから強い反対を表明している。

前述した「単一支払い皆保険」が、医師と患者の間に民間企業を介在させないのに対し、この「公的保険オプション」とは公的保険か民間保険を選択できるようにするもので、あくまでも民間保険との両立が前提だ。

医療保険業界は一日二〇〇万ドル(二億円)を費やして国会議員にロビー活動をおこない、さまざまな形でオバマ・ケアの危険性についての情報を世論に広めていった。

内容は、たとえば次のようなものだ。政府による公的医療保険制度を持つカナダでは、瀕死の患者でも長時間待たされること、公的保険制度になると、政府の官僚が高齢患者に対する医療提供の是非を判断するため(共和党のサラ・ペイリンはこれを「死の審議会」と呼んで批判した)、政府によっていのちに格差がつけられること、そしてまた大規模な財政支出はインフレと増税を招き、政府による強力な国民一括管理をもたらすこと、などだ。

「小さな政府」を信奉するテキサス州出身のロン・ポール共和党議員は、ラジオ番組で、政府が介入の幅を拡大することは医療問題の解決にはならないと主張した。

「市場原理下での利益重視が悪いのではなく、医療保険会社や製薬会社などの中間業者と政府の間にある癒着体質や市場の独占が、純粋な競争を歪めていることが問題なのです。政府が干渉しなければ、新技術と競争が自然に価格を下げてくれる。携帯やパソコンがインフレにかかわらず値下がりしてきたのと同じ原理ですよ。自由がありすぎて失敗したから社会主義にしようというのは、まったくの間違いなのです」(Fox News Radio, May 12, 2009)

ワシントンD.C.の連邦議事堂前でオバマ・ケアや政府の拡大に反対する大規模なデモ行進がおこなわれた(2009年9月12日，AP Images)

就任直後は高かったオバマ大統領の支持率は次第に下降し始め、八月には五〇%を切った。全米各地の民主党議員による集会では、反対派による激しい野次などの妨害が相次ぎ、九月一二日にはワシントンDCで一〇万人を超える人々が、オバマ・ケア反対を訴えるデモ行進に参加した。

実際の参加人数については、ニューヨーク・タイムズ紙は数万人と報道したが、実際には一〇〇万人単位だったという証言もある。警察は人数を発表していない。

内容は医療保険改革反対に加え、オバマ政権下での財政規模の急拡大や予想される増税、前政権にも増す政府の権限拡大などに対する不満が爆発したものだった。

フロリダで印刷会社を経営するロバート・ベネディクトは、オバマ・ケアが企業に従業員への保険提供を義務づけることに強く反発し、ワシントンでのデモに参加した一人だ。

「この不況下で倒産を防ぐために限界まで経費を削っている中小企業に、死ねと言うのか。企業はペナルティを払う代わりに、従業員を減らすだろう。失業率が跳ね上がり、ますます景気が後退する。社会主義を押しつけるのは勘弁してほしい」

都市部を除き、ほとんどの家が新聞を取らず、テレビを主要な情報源とするアメリカでは、CMは圧倒的な影響力を持つ。

巨額の広告費が費やされた反オバマ・ケアのCMも人々をふるえあがらせた。

テレビを見ていて怒りがこみあげたというニューハンプシャーの主婦、テレサ・オブライアンは、オバマの医療改革は不公平だと批判する。

「無保険者のためにそれ以外の国民が負担を強いられるのは、絶対に反対です。あのCMを見ると、ただでさえ医療サービスは不十分なのに、これ以上劣化することがわかります。いったい私たちが何をしたと言うんです?」

シカゴでの民主党のタウンミーティングに参加して、オバマの医療改革に反対の声を上げたという三五歳の会社員、リック・コリエルは、将来につけを回されるのはごめんだと言う。「国民皆保険制度への移行に莫大な費用がかかることは明らかなのに、オバマ大統領は増税しないと言う。僕たち国民にも不況にあえぐ企業にも、もちろんそんなお金はないから、政府は結局、通貨供給量がすでに二倍になっている紙幣をどんどん刷るでしょう。そうなれば、遅かれ早かれ恐ろしいインフレがやってきて、僕らはすっからかんになりますよ」

CMは国民の感情と無知を効果的に利用した。

反対派デモ参加者の多くは、医療保険に関する知識がほとんどない。

デモに参加したというメディケア受給者のロバート・トーブは、「私のメディケアは誰にも渡さない」と書いたプラカードを掲げて行進した。彼のように、メディケアが公的保険だということさえ知らないアメリカ人はたくさんいる。

医療保険業界の闇に切り込んだ、マイケル・ムーア監督のドキュメンタリー映画『シッコ』も、保険会社や関連ロビイストたちによって、「あの映画は創作」「彼はドキュメンタリー映画監督ではなく娯楽産業ハリウッドの一人」「過激派映画監督」といったネガティブ・キャンペーンを流された。

支持率の低下、医療保険業界によるロビー活動とネガティブ・キャンペーンに加え、共和党議員の反対と穏健派をはじめ大多数の民主党議員による公的保険制度導入への不支持は、すべてオバマ大統領への強い逆風として報道されていった。オバマ大統領は改革の内容を当初のそれから次々に変化させてゆき、九月には上院が公的保険導入の代替案として提案する「非営利協同組合による保険制度」への妥協を示唆し始めた。

上院財政委員長のボーカス議員が中心になって進めたこの代替案では、設立費用を政府が融資して消費者が自己責任で運営する協同組合と民間保険とが競争する体制になる。そして、全国民と合法居住者に保険加入を義務づけることで、四七〇〇万人の無保険者のうち二九〇〇万人の無保険者を減らし、国民の九四％の保険加入を実現するという内容だ。

見積もられた経費は八二九〇億ドルだが、これはメディケアなどの公的医療補助予算四〇〇〇億ドルの削減と、医療保険業界への課税でカバーされ、その結果、八一〇億ドルの赤字解消という試算が出されている。

だが、現場の医師からは、このボーカス案に懐疑的な声が上がっている。

ブルックリンに住む家庭医のアレックス・リードは、ボーカス案の財源についてこう指摘した。

「医療保険業界への課税を財源にするという点ですが、これらの大企業はこうした税金を消費者に転嫁するでしょうから、被保険者である国民が負担を強いられることになるでしょう。そしてさらに問題なのは、もう一つの財源であるメディケア予算削減の方です。こちらの方は、しわ寄せがすべて受給者である高齢者と受け入れ先の病院、現場の医師たちにのしかかる。無保険者を減らしても、これでは本末転倒です」

また、この上院での決定そのものについて、議員と業界の癒着を指摘する声もある。

医療保険改革に関して上院で最も影響力を持つボーカスは、医療保険業界から四〇〇万ドル（四億円）の寄付を受けていることが地元紙の調査によって明らかにされた一人だ。

上院の公聴会に入ろうとした単一支払い皆保険制度推進派の医師たちに対し、逮捕命令を出したことでも批判されているボーカスだが、彼の医療政策アドバイザーたちが、大手医療保険会社ウェルポイント社の元幹部やロビイストであることも、独立系ラジオ番組デモクラシーナウが報道している。

一方、下院では無保険者を減らすための政府保険導入に加え、年収五〇万ドル以上の高額所得者への特別課税を財源にするという、ヘンリー・ワックスマン案が審議されていた。議員のなかでも、それまでの立場を変える者が増え始めていた。

公的保険を勧めるオバマを描いたマンガ(Gary Varvel)

長い間、単一支払い皆保険制度を支持していた下院エネルギー商業委員長のワックスマン議員は、ラジオ番組でその支持をやめて公的保険と民間保険の抱き合わせ案に転向した理由について聞かれ、単一支払い制度が議会のなかで過半数を得るのは非現実的だからだと答えている。

「それを待っていては、いつまでたっても実現しないと気づいたのです。両方差し出すこの案なら、国民には選択の自由が与えられる。それに公的医療保険との競争を強いられれば、民間保険会社は今までのような利益重視から良心的経営に切り替えますよ。競争がサービスの質を上げてコストを下げるというのは、市場原理が証明しているではありませんか」

単一支払い皆保険制度は議論のテーブルから消え、いつの間にかオバマの医療改革は、「公的保険＋民間保険」か、「既存のまま民間保険のみ」かという対立軸に変わっていった。

一〇月一三日、上院財政委員会は、公的保険そのものを削除した案を可決した。

それでもまだ、下院で審議中の公的保険導入に望みをかける国民は少なくなかった。

民主党議員の多くが公的保険のない上院のボーカス案支持に回りそうだと報道されるなか、大手保険会社アフラック社で保険外交員をしている無保険のアニタ・ローゼンハイムは、議会の最終合意結果が出るまでは、まだ公的保険導入への期待を持ち続けると言う。

「医療保険業界が議員たちへの献金とロビー活動に莫大な費用を使っているようですが、ナンシー・ペロシ下院議長をはじめ、公的保険オプション抜きの医療改革は支持しないという民主党議員はまだ議会に残っています。私はそれに望みをかけています」

「有名な保険会社の保険を売りながら、無保険なのですか？」

びっくりして聞く私に、アニタは苦笑いをしながら言った。

「契約社員である保険外交員に会社は保険を提供しません。低収入で無保険の保険外交員は、ワーキングプア層です。大体三年で辞めていきますね」

無保険者に保険証を渡すだけでは医療現場がパンクする

オハイオ州シンシナティに住む会社員デブラ・コリエルは、公的医療保険の拡大自体に反対する一人だ。

「公的医療保険がすべての解決策のように言う人々がいますが、アメリカにはすでにメディケアとメディケイドという立派な公的医療保険が存在します。メディケイドは掛け金なしだし、メディケアは掛け金も自己負担もとても低い。私のように民間保険に高い保険料を払っている国民との間に、不公平が生じているのです。

公的医療保険がそんなに素晴らしいというのなら、メディケアとメディケイドが国家予算の七分の一にまで膨れ上がっているのはなぜですか？　オバマ大統領は政府の公的保険と競争させれば、民間の保険料が安くなると言いますが、既存のシステムがうまく機能していないのに、拡げるのは反対です」

確かにアメリカ国税調査局のデータによると、二〇〇八年度におけるメディケアとメディケイドの合計加入者数は八五六〇万人で、前年より四六〇万人増加している。これに退役軍人向け医療保険を加えると、公的医療保険の受給者はすでに約八八〇〇万人に達しているのだ。医療破産で貧困層に転落し、メディケイドを受給する国民が急増するなかで、予算の半分以上を圧迫される州政府の選択肢は、「給付制限の幅を拡大する」か、「サービスの量と質を制限する」しかない。

金融危機が失業率の上昇を加速するなか、カリフォルニア州ではシュワルツェネッガー知事が、メディケイド予算を一〇％削減した。

その結果、貧困層の多い同州南部では、州政府の予算削減で負担が増えた病院が仕方なく人件費を削減。診察予約が取れなくなった人々がＥＲ（救急治療室）に駆けこむようになったせいで、倒産に追いこまれる病院が増えている。

アメリカ国内でＥＲが使用される回数は、年間平均約一億九〇〇〇万回で、一九九六年からの一〇年間で三二％上昇している。平均待ち時間は一時間だ。

アメリカでは法律で無保険でもＥＲだけは患者の受け入れ拒否ができないために、経営が苦しい病院は赤字拡大の原因になるＥＲ自体を閉鎖してしまう。

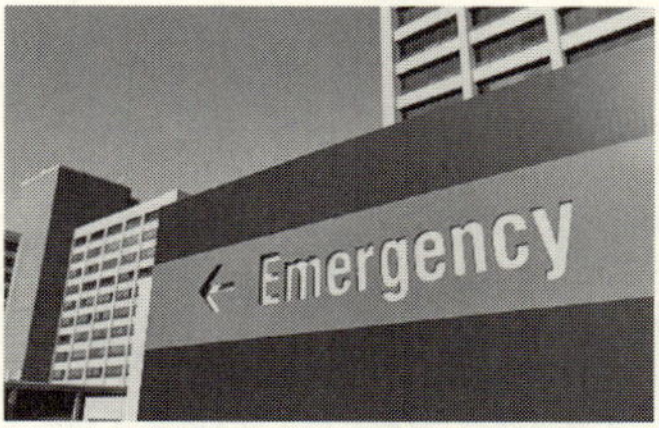

病院のERはいつもパンク状態だ

その結果、地方ほど医療過疎が進んでゆく。

ワシントンやペンシルバニア、オハイオなどの州でも、これと同じパターンで経営悪化と人手不足が進んでいる。その結果、病院が患者を放置したまま破産するケースが増え出した。

どちらにしても、メディケイド受給者の待遇は、適切な医療を受けられないという点で、確実に無保険者のそれに近づいている。

今のアメリカの医療政策は、失業者増加を抑制するために劣悪な条件の非正規社員を増やす手法とよく似ている。無保険者をこれ以

「一番の問題はプライマリケア医師の不足です」

上増やさないために、限りなく無保険者に近いメディケイド受給者を増やしているのだ。

議会に対し強い発言力と資金力を持つアメリカ医師会も、オバマ・ケアの掲げる皆保険制度に初めは反対を表明していた。

医師会の一人であるワシントン在住の病院産科医マシュー・ロイドは、全国民に保険加入を義務づけても、医療現場では新たな大量の患者を受け入れる余裕がないという。

「オバマ大統領は、国民皆保険が実現すれば、メディケイド受給者の医療費負担が医療保険でカバーされて政府の財政支出が軽減され、みなが安い保険で質の良い医療を受けられると力説します。

ですが彼は、病院や診療所の経営を圧迫する巨額の医療費と、財政を最も圧迫しているメディケアについての改革案を何も出していません。

医療保険業界も医療費抑制への協力は表明していますが、具体的にどの位のレベルでとは一言も言っていない。二%削減と引き換えに薬価交渉権破棄を得た製薬会社の例もあり、保証はありません。

そして医師側は、患者が増えても収入が増えるわけではない。事務処理の費用と人件費だけは急増するでしょうがね。

医師たちが直面する状況や薬価問題に触らなければ、保険料も処方薬も安くはならず、病院の人材不足や医師の過剰労働も解決しないのです。

現場の問題は放置したままで、どうやって四七〇〇万人の新規患者を受け入れ、医療の質を向上させろというのでしょう？　できなければ責められるのは医師や看護師ですが、私たちも人間で、ロボットや聖人ではないのです。」

「医療現場の最も大きな問題とは何ですか？」

「一番大きなものは、プライマリケア医師の不足でしょう」

プライマリケア医師の不足

アメリカでは保険を持っている場合、まずはプライマリケア医師（家庭医、小児科医、内科医）にかかり、その後専門医に紹介してもらうという形を取らされる。

だが、プライマリケア医師自体が深刻な不足に陥っているために、多くの患者は診察してくれる医師を探して走り回らなくてはならず、診察予約を取るにも数週から数カ月かかってしまう。また、医療費高騰で経営が苦しく、プライマリケア医師自体が保険を取り扱わないケースが増えているために、多くの病院ではＥＲに患者があふれかえる状況だ。

専門医もプライマリケア医師も、処方箋を書き、手術などの医療行為をおこなうが、圧倒的に違うのはその報酬だ。たとえば、腹痛で内科に行く場合、専門医は予約を入れても平均待ち時間は三〇分、診察が一五分、自己負担は三割で約一八〇ドル(一万八〇〇〇円)だが、プライマリケア医師になると、診察三〇分で自己負担が三五ドル(三五〇〇円)程度で済む。政府データのなかの一例では、メディケアはシカゴで腹痛を訴える患者に三〇分の診察をおこなった二人の医師に対し、プライマリケア医師には八九・六四ドルを、内視鏡検査をおこなった専門医には四二二・九〇ドルを支払っている(U.S. Government Accountability Office Report, 2005)。

「もちろん一般内科医に比べて、より高度な専門機器を使って検査する専門医の方が費用がかかることは事実ですが」とマシューは言う。

「問題はそこではありません。平均二〇万ドルかかる医学部の学資ローンをかかえる医学生たちの七割が、ローン返済のために収入の高い専門医を目指さざるをえない。プライマリケア医師を志望する学生はたった二割です。

二〇二五年までには、最大四万四〇〇〇人のプライマリケア医師が不足するという研究結果が出ていますが、オバマ・ケアで保険証を得て診察に訪れるだろう四七〇〇万人の無保険者は、この計算に含まれていません」

医療系のリクルート会社メリット&ホーキンス社が発表した医師の平均年収データによると、腫瘍医《しゅよう》が三三万五〇〇〇ドル(三三五〇万円)、放射線医が三九万一〇〇〇ドル(三九一〇万円)、心臓外科医が四一万九〇〇〇ドル(四一九〇万円)と高収入であるのに比べ、プライマリケア医師の平均年収は一七万三〇〇〇ドル(一七三〇万円)にとどまっている(*Washington Post*, June 20, 2009)。

「保険加入を義務化して国民皆保険を州レベルで実現したマサチューセッツ州の医療保険改革は、この問題についてどう対応しているのでしょう?」

「マサチューセッツ州は最初に皆保険導入を実行したので、私たち医師は着目していました。ただし民間保険を残し、医療費高騰と医師不足問題を放置したままだったために、結局、財政的に行きづまりました。

保険証を手にした三四万人の新規患者の需要に対し、医師の供給が追いつかず、診察予約が取れるまで平均六三日待たされる状況になった。そこへ民間医療保険会社がロビイストを通じ

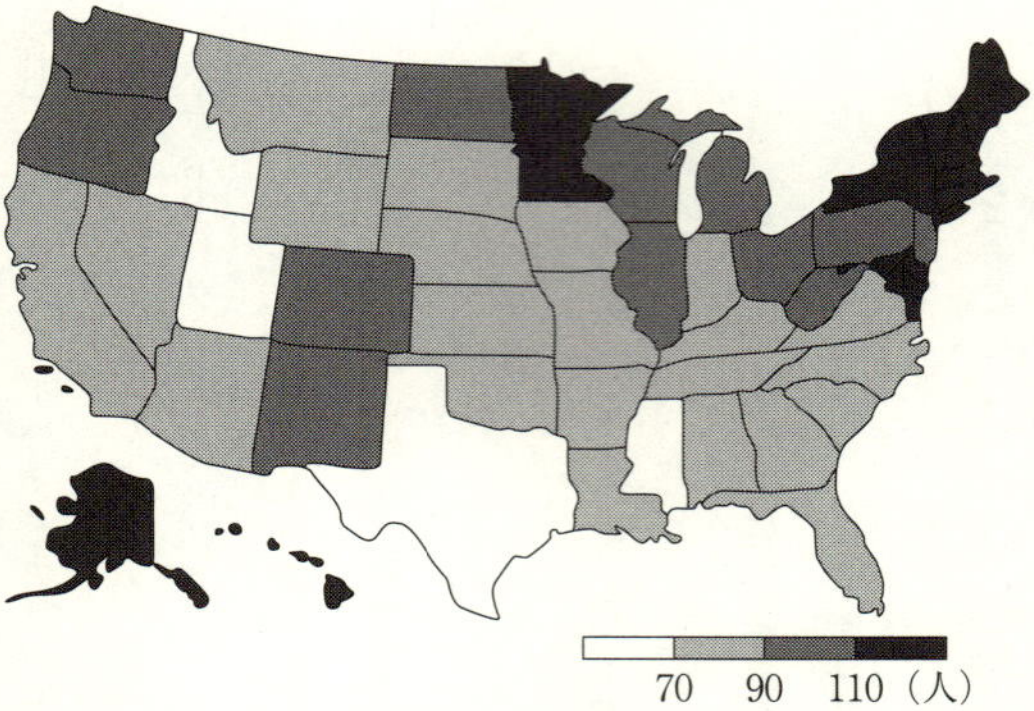

人口 10 万人あたりの州別プライマリケア医師数（2008 年 1 月，American Medical Association）

た圧力やネガティブ・キャンペーンをしかけ、結局、州の政府保険は形骸化してしまったのです」

民間との抱き合わせは、改革への第一歩ではなく、公が民に食われる弱肉強食の図になることを、マサチューセッツの例は表している。

「現在のプライマリケア医師たちの状況はどのようなものでしょう?」

「無保険者が最も殺到するプライマリケア医師は、完全に過剰労働です。そうした患者の大半は未払いになり、その分は医師側の持ち出しになる。過労死しないためには診察を止めるか、診療時間を数分にするしかなく、その前に赤字で廃業になるケースも多い。

今後数年の間に、既存のプライマリケア医師の半分がいなくなるだろうという調査結果も出ています。

無保険者は問題にされても、低収入と過剰労働で働く医師は同情されず、犯罪者として訴えられるか、もっと働けと非難される。プライマリケア医師を目指す学生は年々激減しています」
「医療費高騰とプライマリケア医師不足の解決を阻むものは何ですか？」
「医師と患者の間に存在する医療保険業界ですね。民間の保険会社との事務手続きで、全体の四割の時間を取られます。政府の国民皆保険一本にすれば、この診療報酬請求の事務作業だけでうちの病院なら一〇〇人以上いるスタッフを数人に減らせる。医師の過剰労働が緩和され、なおかつ年間八〇〇〇億ドルの費用が節約されます」

マシューの同級生でサウスカロライナ州で家庭医をしていたレイチェル・ロイスは、次々に地域のプライマリケア医師が廃業するなか、膨大な数の患者が彼女のクリニックに殺到し、外の道まであふれだすようになったという。

彼女の地域では、ちょっとした腹痛や風邪の症状でも患者が診療を受けられるのは、最低一〇日待ちになる。貧困率が高いサウスカロライナ州では、クリニックを訪れる患者の八割は国からの還付率が六割のメディケイド受給者だ。

患者から徴収できなければ、病院側の負担となる。するとその分は設備や人件費を削るしかなく、彼女はついに半ば鬱状態になってクリニックを閉鎖した。

「そのことを電話で聞いた時、私はしばらく絶句してしまいました。心身ともに疲れきった彼女の一言は、今この国で声にならない悲鳴を上げる多くの医師のSOSそのものだったからです。「人間らしい働き方がしたい」と」

「オバマ大統領はプライマリケア医師の育成補助に予算を出す方針ですね」

「数だけ増やしても、根本的な解決にはならないでしょう。過剰労働と低収入という医療現場の現実にメスを入れ、医師たちに人間らしい働き方ができる環境を整備することが必要です」

「医師や病院側のインセンティブについてはどうですか?」

「同じです。医療保険会社はできるだけ病院側にリスクを負わせますので、診療報酬は定額制です。それぞれの患者に必要な時間とエネルギーをかければ、はみ出したコストは赤字となって、私たちが引き受けることになる。

これについても医療保険業界を外し、診療報酬制度を量ではなく質で測るようにすれば医療提供側のインセンティブは上がるでしょう」

次々に力尽きて廃業する医師たちと医師不足問題は、新たなマーケットを生みだしている。「コンビニ・クリニック(Minute Clinic)」と呼ばれるビジネスだ。

アメリカ各地でCVSやデュアン・リード(Duane Reade)などの大手チェーン薬局を中心に、七〇〇近い店舗を展開するこのビジネスの売りは、病院に行かなくてもカウンターで薬を購入できることと、病院と違い予約を取る必要がないことだ。なかには医師を置く店舗もあるが、たいていは看護師資格を持つ人間が対応する。

処方ライセンスのない薬局がビジネスで薬を販売することについて問題視される一方で、サービスの便利さから顧客側の人気は高い。「You Sick, We Quick(病気の貴方に最速のサービスを)」などのうたい文句を掲げるこれらのコンビニ・クリニックでは、待ち時間がなく、場合によっては受診料が病院より若干安い代わりに、薬価は相場より高く設定されている。

ニューヨークのCVSドラッグストアで働くケビン・マクドゥエルは、コンビニ・クリニックはアメリカならではの素晴らしい発明だと言う。

「無保険者も有保険者も恩恵を受けていますよ。一週間も待たされたあげく、病院の待合室でまた長々と待たされる。おまけに三分で診療が終わる。そんなわずらわしさから解放されるんです。特にこの街ではみんな一分でも無駄にしたくないと思っていますからね。僕はさらに気が短いので、コンビニ・クリニックよりも効率のよいインターネットで薬だけ買っちゃいますが」

だが、コンビニ・クリニックの弊害もある。

医療機関以外から入手した薬の過剰摂取で、ERに運びこまれる子どもの数は年間七万人。彼らは医師の診療を受けておらず、そのうち七割以上は親が過剰に薬を飲ませてしまった五歳以下の幼児なのだ。

コンビニ・クリニックに並ぶ薬の数々

「医師と対面で受診するという過程を飛ばすのは危険です」

そう言うのは、アメリカ医師会の登録医で小児科医のジェニファー・リードだ。

「オンラインやコンビニ・クリニックは簡単に薬が手に入り便利なようですが、特に子どもたちには弊害のほうが大きいです。ERに運ばれる子どもたちのケースは、過剰摂取だけではありません。たとえば、毎年七〇〇〇人の子どもが風邪薬の副作用でERに来るんですが、一〇人中八人は間違った飲み方をしたのが原因なのです」

小児用ERは特に医師不足が深刻な分野だ。全米で七五八人しかいない小児救急医の育成と環境整備に予算が回らない一方で、咳止めシロップだけで年間四〇〇〇万個以上の売り上げが出る小児用家庭薬は、巨大マーケットとして拡大を続けている。

これは金融業界救済に続く、税金を使った医療業界救済案だ

オレゴン州にある医療グループ、「地獄のように怒る医師団体(Mad as Hell Doctors Group)」も、民間と競争させる目的で導入する公的保険オプションに懐疑的だ。数十年のキャリアを持つベテラン専門医たちが作るこの団体は、全米各地を回りながら、連邦議会で審議されている医療改革の本質について伝えている。

創設者のマイク・ハンチントン医師は、現在の医療改革報道からは重要な要素が抜け落ちていると指摘する。

「公的保険オプション制度を導入するかどうかが議論の争点になっているかのように報道されていますが、実は最も大切なポイントがすでに外されていることに国民は気づいていません。メディアはオバマの提案する医療改革が、公的保険を掲げて共和党や医療保険業界の抵抗と闘っているというイメージを流している。でもそこには重大な情報操作があるのです」

「重大な情報操作とは?」

「そもそもこの改革が、今アメリカの医療を破綻させている、医療保険会社や製薬会社などの医産複合体を排除していないという事実です。それができるのは、政府が一括で運営責任を負う単一支払い皆保険制度だけですが、医療改革の議論が始まると、真っ先に選択肢から外されました。

それについてメディアが沈黙したために、国民は外されたことすら知らなかった。いつの間にか、公的保険オプションという目眩《めくら》ましの代替案にすり替わっていたのです」

「オプションとしての公的保険は、単一支払い皆保険と比べてどんな違いがありますか？」

「オプションとはその名の通り、公的保険と民間保険を選択できるということ。つまり、医産複合体はそのまま残すという意味です。たとえば、処方薬価格の交渉権は放棄したので、医療費設定のシステムは今までと変わりません。

公的保険は民間より安価になると宣伝されていますが、それもそう単純ではありません。民間保険は若く健康な人以外は加入を拒否するでしょうから、医療費の高い人は公的保険が面倒を見ることになる。しかしオバマ大統領は財政赤字を一切出さないと主張する。

では財源は？　カバーする範囲やサービスの質を下げるか？　代わりに高齢者や貧困層の公的保険の財源を削減する？　保険料か税金を上げるのでしょうか？　いずれにしても、結局その負担は国民に回ってくるのです」

「オバマ・ケアでは、民間保険と公的保険の間の競争が値段を下げると主張していますが？」

「それも何の保証もありません。たとえば、アメリカでは薬の値段は完全に自由市場にまかされていますが、値段は上がり続け、政府の薬価支出は毎年二〇％ずつ上昇しています。製薬業界は巨額の広告費を使って新薬を宣伝し需要を上げますが、企業側の言い値で薬価が設定される同市場では、買い手が多くても値段は下がらないのです。処方薬を最も使用する高齢者は、メディケアが処方薬をカバーしないために、高くても自費で買うしかない。

市場原理が必ずサービスの質を上げ、コストを自動的に下げてくれるというのは、錯覚なのです。営利企業を参入させながらの公的保険オプションは、医者である私に言わせれば、心臓病患者に頭痛薬を処方するようなものですよ」

借金漬けの学生を増大させる学資ローン問題への解決策としてオバマが出した方針もまた、政府ローンと民間ローンの抱き合わせ策だ。

巨大な資金力を持つ民間企業側が自由競争の下でしかけてくるさまざまな攻撃を受けて、すでに形骸化している政府ローン。

医療改革で同じことが起こらない保証はない。

九八％の国民に保険加入を義務づけて無保険者をなくすと訴えるオバマ大統領。実施されれば、従業員の医療保険負担をしない企業に対し、罰金が科せられることになる。マイクが言うように、単一支払い皆保険と、公的保険＋民間保険の公的保険オプションでは、もたらされる結果がまったく違うだろう。

そして恩恵を受けるのはいったい誰なのか？

マイクは静かに言う。

「恩恵を受けるのは誰かですって？　数千万人規模の新規加入者を一気に得て笑いが止まらないのは、医療保険会社と製薬会社でしょう。

ウォール街に七〇〇〇億ドルの税金をつぎこんだ金融救済法（Bail Out）を覚えていますか？あれが今度は医産複合体バージョンで実施されるのです。両業界の共通点はどちらも選挙中オバマに巨額の献金をしていることです。投資に見合ったこれらのリターンは、すべて私たち国民の税金で支払われますがね」

この国には二種類の奴隷がいる

各州が単一支払い皆保険制度の導入を選択肢として持つという改正案を提出したオハイオ州

選出のデニス・クシニッチ下院議員は、今のアメリカが抱える問題について、議会の席でこんなふうに語った。

「ホワイトハウスが医療保険業界に支配されている現状は、国民のいのちが大企業に握られていることに等しい。現在医療費三ドルごとに一ドルが医療保険業界の懐に入る。重役たちの法外な給与や広告・マーケティング費用、自社株購入権……。医療に限らず、巨額の献金がロビイストや議員に流れ、政府が骨抜きにされている。この献金システムこそが、アメリカの抱える最大の不幸なのだ」

下院で教育労働委員会を中心に支持された同案の存在を、クシニッチ議員は医療改革の最後の救命ボートと呼ぶ。

「いのちだけでなく経済的安心も保証する医療へのアクセスは、国民にとって最低限の権利であり、この国の存続に関わる問題だ。人々が、少なくとも州レベルで、自らのいのちを医療保険会社ではなく医師にゆだねることができたら、最終的に単一支払い皆保険制度へと向かう第一歩となるだろう。いうなればこれは、非常に価値ある実験なのだ」

二〇〇九年一一月七日、下院で議決された医療改革案から、このクシニッチ議員のオプションは削除された。そして、一二月二四日、上院は公的保険オプションそのものも排除し、民間保険への強制加入を定める改革案を可決した。

だが一方で、現在アメリカ国内では、かつてないほどのスピードと規模で医療従事者たちが声を上げ始めている。

サンフランシスコのUCメディカルセンターに勤務する看護師のマリー・ジョンソンは、「単一支払い皆保険制度を支持する看護師団体」に所属し、医療現場の当事者として現状を訴える一人だ。

「医療費がこれだけ高い国はどう考えても異常です。カリフォルニア州では医療費請求の二一%が保険会社によって却下されている。一錠の薬を四つに割って節約する高齢者や、仕事を持っているのに突然破産する会社員、過労死や鬱病で倒れてゆく医師や看護師。これらを生み出した原因はたった一つ、医療を商品にしてしまったことです」

プライマリケアの重要性を提唱し、『医師のいないところで(*Where There is No Doctor*)』の著書でも有名な医療活動家デイビッド・ワーナーは、今アメリカには二種類の奴隷がいると言う。

「人種が格差の線引きになっていた時代の奴隷は黒人たちでしたが、経済格差が国を二極化している今は、新しい種類の奴隷が存在します。

無保険者(Uninsured)と十分な医療が受けられない有保険者(underinsured)。

どちらも一度病気をするといのちに値段がつけられ、支払い能力を超えた医療という高額商品の請求書に死ぬまで苦しめられるのです」

「アメリカの医療改革について、オバマ大統領に何を期待しますか?」

ワーナーは少し考えてからはっきりとこう言った。

「私はこの国の医療は、貧困層と中流だけでなく富裕層も含む全国民にとって深刻な状況をもたらしていると思います。金さえ出せば長生きできるという考え方が医療を商品化し、富める者を薬漬けに、貧しいものを借金漬けにし、いつしか人間が本来持つ生命力を奪ってしまいました。

今、既存のシステムへの対立軸は、医療費がない、薬が買えないことは人権無視で可哀そうだという論理ですが、数字の上だけで無駄を減らしたり保険証を増やすことは、応急処置でしかないように思います。

すべてを数字で測り、利益と効率至上主義が医療現場から奪ったものは、目に見えるものばかりではありません」

「今のシステムが奪った、目に見えないものとはたとえば何

医療活動家のデイビッド・ワーナーとともに

ですか？」

「患者と医師の間のつながりや、医師のなかに存在するはずの誇り、充実感などです。第三世界の医師がなぜ、同じように労働時間が長くても心が壊れないのか、わかりますか？　患者と医師の間に人間同士の触れ合いがあるからです。間に医療保険会社という株主が介在しない世界では、患者は医師を人として信頼し、医師は患者との交流を通して、いのちを救っているという充実感と誇りを受け取るのです。これは数字では測れない、けれど人間が日々生きていくために失ってはならないものの一つです」

プライマリケアという医療を第三世界に広める活動をしているワーナーは、自国アメリカに戻るたびに、そのギャップにめまいがするという。

「医療という行為そのものが利益のために捻《ね》じ曲げられ、医者も患者も同じように暗い目をして転落してゆく今のアメリカを見ているうちに、やがて私は別なことを考えるようになりました。

いのちを救うことよりもさらに奥にある、いのちそのものへの敬虔な気持ちです。

アメリカという国が今つきつけられているのは、本当はもっとずっと深い部分でのチェンジなのではないか、そんな気がしてならないのです」

第4章

刑務所という名の巨大労働市場

劣化した刑務所の様子(San Francisco Bay View, 2009年9月2日)

借金づけの囚人たち

ニューヨーク州内の刑務所で一八カ月半の刑期を務めた二四歳のアラン・ジャクソンにとって、出所はマイナスからのスタートだった。

訴訟費用の未払い金八九〇〇ドル(八九万円)と、それに伴う利子と罰金が一万三〇〇〇ドル(一三〇万円)、総額二万一九〇〇ドル(二一九万円)の借金を抱えていたからだ。

クレジットカード社会のアメリカで、医療費や学費の高騰、住宅ローンなどが原因で、働いても働いても借金だけが膨れ上がる、悪夢のスパイラルにはまりこむ国民の数は、年々増加している。

アランは、そんな数多くの例といったいどこが違うのだろう?

「僕の悪夢は、逮捕された瞬間から始まっていました。罪状はほんの小さな窃盗でしたが、まず逮捕された日付で、法定手数料三〇〇ドル(三万円)と囚人基金の積み立て金二五ドル(二五〇〇円)の請求が来たのです」

ニューヨーク州は州法により、薬物関連犯罪、窃盗罪および強盗で逮捕された全被告に、その経済状態にかかわらずこの二つの支払いを義務づけている。

「刑務所内での労働対価はどれほどでしたか?」

「時給四〇セントでした。でもそこから、部屋代と医療費で毎日二ドルずつ引かれましたから、残高はあっと言う間にマイナスになり、気づいた時には他の未払い金と一緒に返済不能な額まで膨れ上がっていたのです」

アランは出所してすぐ仕事を探し始めたが、借金を抱えた前科者という立場では、どこでも断られてしまう。

「刑務所内では模範的な囚人だったと思います。作業は丁寧にしましたし、他の囚人たちともトラブルを起こさないよう大人しくしていましたから。僕はブロンクス出身なのですが、家が貧しいので、出所したら真面目に働いて家計を支えるつもりでいました。でも面接に行くと、こう言って断られてしまうのです。「前科があるだけで差別するつもりはないが、借金額がちょっとね」と。

仕事がなければ借金も返せないし、社会復帰なんて絶望的です。そのうちあきらめてこう思い始めました。結局、もう一度塀のなかに戻るしかないんだって」

「刑務所内の職業訓練は再就職に役立ちましたか?」

アランは首を横に振った。

「あれを訓練と呼ぶなら、刑務所に入る前に日雇いで働いていた鶏肉加工工場の方がましですよ」

ブルックリンに住み、本業の他に貧困地域の未成年被告の法廷弁護をボランティアで務める弁護士のマイク・ウォーレンは、刑務所がもはや「犯罪防止のための場所」や「更生の場所」ではなくなった現状を指摘する。

「アメリカ国内の刑務所では、社会復帰させるための職業訓練や教育は、コスト削減で真っ先に廃止されるのです。技術も教育もなしに、巨額の借金だけを背負った若者たちを大量に出所させたらどうなるか？　あっという間に再犯でUターンですよ。〈スリーストライク法〉がこのループを加速させました。今では刑務所の存在は、連邦や州が直面する財政難の解決策に他なりません」

一九九四年に州法として成立したスリーストライク法は、犯罪者が三度目の有罪判決を受けた場合、最後に犯した罪の重さに関係なく自動的に終身刑にするという法律だ。

「刑務所が囚人たちに押し付ける負担範囲は拡大する一方です。囚人たちは用を足すときに使うトイレットペーパーや図書館の利用料、部屋代や食費、最低レベルの医療サービスなど、本来無料であるべき部分まで請求されています」

「民営刑務所と連邦刑務所ではその内容に違いはありますか？」

「おそらく民営の刑務所の方がひどいでしょう。なぜなら、外から苦情を申し立てても連邦議員のチェックが入りにくいからです。ですが最近は、財政難からコストカットを最優先する連邦政府や州政府も民営と同じことをして、請求範囲を積極的に拡げています。ペンシルバニア州のバークにある郡経営の刑務所では、囚人に一日あたり一〇ドル（一〇〇〇円）も請求していますし、同じ内容の請求を法的に認める法案は、カリフォルニアをはじめ、いくつもの州で出されています」

容易に終身刑を下す〈スリーストライク法〉に反対する人々

労働者として声を上げる権利を持たない囚人たちには、借金づけになることを避ける選択肢はない。

「おかしな話です」とマイクは言う。

「重罪で投獄される犯罪者の八割は貧困層で、経済的困難から犯罪に走るのです。なのに、その彼らに刑務所のなかでさらに借金を背負わせるんですから。

その結果、何が起きているか？　彼らの六割は、出所してから一年たっても失業したままなのです」

テキサス州フォートワースにあるカースウェル連邦女性刑務所で刑期を務めたカレン・ルイスは、地元の新聞のインタビューのなかで刑務所内の実態についてこう語っている。

「刑務所内の労働は苛酷でした。手術直後や瀕死の重病でない限り、車いすの囚人ですら重労働が科されるのです。時給は一二セント。賃上げは一切ありません。ですが、生活に必要な健康や衛生関連の備品は自費で買わねばならず、負債はどんどん増加します」

カレンによると、刑務所内の備品は市場価格の一・五倍の値段がつけられているという。

「歯磨き粉は一本五ドル九五セント(約六〇〇円)で、これを手に入れるためには四九・五時間労働しなくてはなりません。これでも他の刑務所よりはましなようです。前に他の刑務所にいたという別な女性は、五九時間働いたと言っていましたから」

グローバル市場の一つとして花開く刑務所ビジネス

アメリカ国内の民営刑務所は一九世紀までは普及していたが、劣悪な環境下で囚人たちを奴隷のように扱っていたことから、禁止する州が増え始め、一九世紀末までにはほとんどすべての州で廃止となっていた。

だが、それから一世紀という時をへて、民営刑務所はまったく別の形で復活することになる。一九九〇年には五カ所しかなかったが、わずか一〇年の間に一〇〇カ所以上に膨れ上がり、巨大なビジネスの仲間入りをしたのだ。

この新しいビジネスの急激な拡大をもたらした背景には、一九九〇年代に盛り上がった自由市場至上主義の熱気と、連邦および州政府の財政難の二つがある。

九〇年代の外注革命がもたらした国内製造業の空洞化は、さらに効率の良いシステム確立への欲望を生み出していった。

労働市場の中心がモノ作りからサービス業へと移行するなか、企業は非正規社員率を拡大することで福利厚生費用を削減し、利益を上昇させてゆく。

カリフォルニア州立大学バークレイ校で社会学を教えるスチュアート・タノック教授は、教育が将来の収入を保証する時代は終わったと指摘する。

「いまや一握りのエリートが就く職以外は、学位など

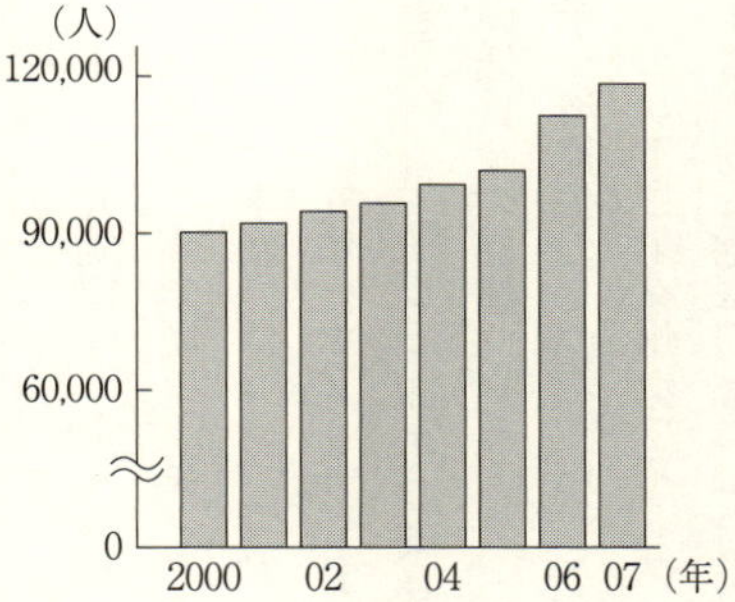

民営刑務所の収容人数(連邦・州の合計，司法省データ)

いらなくなっています」

オバマ大統領は、より多くの子どもたちに大学の学位を取らせる政策をすすめているが、これは結局、高学歴ワーキングプアの増大を加速させることになるだろう。

問題は学歴ではなく、労働市場の構造そのものだからだ。

二〇〇五年にアメリカ労働統計局が発行した『職業状況の手引き(*Occupational Outlook Handbook*)』によると、前年の成長職種トップ10のうち、上位七位までは技術も学歴も必要としない低賃金の職種、レストランのウェイター、調理係、顧客対応係、レジ打ち係、店員、看護助手、清掃係の七つだった。

ニューヨーク州ホワイトプレインに住む企業弁護士マッコイ・グレズリーは、労働市場がますます効率化に向かっている現状をこう語る。

「ひと昔前のアメリカでは、福利厚生が保障された製造業に就職すれば、中流の暮らしができることがあたりまえでした。ですが、破綻したGMの例を見てもわかるように、企業は福利厚生と引きかえに従業員の忠誠心を得る時代から、さらに先へと進んだのです。

レーガン政権でおこなわれた過度な規制緩和を皮きりに、組合つぶしや隣国から発展途上国へと発展した外注革命などが進んで、労働者にとっての状況は年々苦しくなり始めました。

株主の力が強くなり、雇われ社長は長期ビジョンよりも、一年一期ごとの数字で成果を上げることを期待されるようになりました。

組合化された中流層は、もはや会社にとって忠誠を誓ってくれる財産ではなく、賃上げや年金、職場環境など人間としての権利を主張して、利益拡大を阻む障害物になっていったのです」

初めから組合加入の資格を持たず、福利厚生もなく給料も安くて、いつでも必要な時に入れ替えが利く非正規労働者は、そうした企業にとって都合の良い存在として注目され始める。

企業側は政治家への献金やロビー活動を盛大におこない、労働に関する規制は次々に緩和されていった。

二〇〇五年の時点で、アメリカ国内の非正規労働者は労働人口全体の約三割になっている。

「日本では近年そういったやり方を、労働者を使い捨てにするなどとして非難する声が出ていますが、アメリカではいかがですか?」

「巨額の資金によるさまざまな圧力の結果、ゆるめられた雇用規制は、そう簡単に変わりませんが、劣悪な労働環境に対する訴訟はしょっちゅう起きています。

特に一九九〇年代に多くの企業が「経費削減」の目的で、正社員率を大きく減らしてからは、そうした訴訟が増えました。

通常この国では、正規と非正規の間に大きな賃金格差はないのですが、最低賃金以下で雇っていたり、過剰労働をさせていたり、必要以上に経費を請求していたような例が、従業員側の内部告発によって続々と明るみに出たのです。

今では国内で二番目の巨大産業となった派遣業界は、「柔軟な働き方、イコール自由なライフスタイル」などのキャッチフレーズを掲げていましたが、実際に恩恵を受けたのはむしろ企業側でしたね。

企業が収益を上げる一方で、雇われる側の労働条件は悪化し、長期間働いても次につながるスキルは身につかない。そのなかで医療費や学費だけが高騰してゆく。それまで中流だった人々までが生活苦に陥り始めたのです」

「企業は増えてゆく訴訟に対してどんな対策を?」

「ご存じの通り、この国では訴訟費用も馬鹿にならないし、法廷に出ればメディアが来て、企業イメージも悪くなります。一度ついた悪いイメージを払拭《ふっしょく》するのにも莫大な費用がかかってしまう。とても効率が悪いのです。

そこで株主たちはどうしたか?

彼らはもっと使い勝手の良い労働力を探し始めました。するとは灯台もと暗し、発展途上国の労働者よりも、非正規社員よりもさらに条件の良い、数百億ドル規模の巨大市場、囚人労働者にスポットライトが当たったのです」

第三世界並みの低価格で国内アウトソーシングを！

前述した元女性囚カレン・ルイスのいたテキサス州フォートワース女性刑務所内では、科せられる多くの低賃金重労働のなかに一つだけ抜け穴がある。

他に比べてはるかに楽な作業内容。ついたてで仕切られたエアコン完備の快適空間のなかでの八時間シフト。時給は他の仕事の倍。ミスもなく丁寧な仕事を評価されれば、さらに上限賃金に向かって昇給があるという。

希望者が殺到するこの職種とは何かと尋ねると、刑務所問題を多く扱うカリフォルニア州ハンターズポイントの地方紙の編集長マリー・ラドルフはこう答えた。

「電話交換手です」

刑務所の実態を語るマリーと夫のウィリーとともに

マリーによると、アメリカ国内の大手通信会社の一つ、エクセル・コミュニケーション社の番号案内に電話をかけると、ほぼ間違いなくここフォートワース刑務所の女性囚オペレーターにつながるという。

「彼女たちは二五億ドルの売り上げを誇るグローバル企業、エクセル・コミュニケーション社に雇われているのです。通常こうした長距離電話会社が電話交換手を雇う場合、最低でも月に九〇〇ドル(九万円)の給与と社会保険等の経費がかかるのですが、彼女たち囚人を雇えば、最大でも月に一八〇ドル(一万八〇〇〇円)ですみ、福利厚生費は一切かかりません」

ちなみに、アメリカ国内の企業が従業員一人当たりに提供する医療保険の企業負担額は、年間九〇〇〇ドル(Business Financial Management Inc. Report, 2007)で、これに企業年金やメディケア掛け金が加わる。

「この職種は唯一昇給があると聞きましたが、上限いっぱいの最大賃金はいくらですか?」

「一ドル四五セント(一四五円)です。最初の一八カ月で一〇セント(一〇円)時給は上がり、以降一八カ月ごとに五セント(五円)ずつ上がります。もっとも上限額まで上がるには七年半働かなければなりませんが」

「第三世界よりも安い労働力ですね」

スポークンビジネスジャーナル紙が二〇〇五年に発表した調査データによると、電話交換手をインドの労働者に外注した場合、初任給は月に平均一五九ドル(約一万六〇〇〇円)から二〇四ドル(約二万円)となり、翌月から昇給を開始しなければならない。

一方、カースウェル刑務所で囚人労働者を雇えば、給与は月三六ドル(三六〇〇円)から最大でも一八〇ドル(一万八〇〇〇円)となり、福利厚生は一切ないため、経費を大きく節約できる。

連邦刑務所の製品の全米市場におけるシェア (*Wall Street Journal*, July 22, 1999)	
組み立て器具	98%
防具	46%
組み立て家具	36%
スピーカー・ヘッドフォン・マイク	30%
電気製品	18%
オフィス家具	17%

アメリカの番号案内サービスの利用件数は、年間約二六億回、七〇億ドル規模の巨大市場は各企業にとって激戦場だ。

だが、サービスを利用する側の国民は、電話の向こうのオペレーターが囚人だとは夢にも思わないだろう。

「エクセル・コミュニケーション社のような通信会社だけではありません。非正規社員がやるような一般のデータ入力や、航空会社の電話予約係、学資ローンのお客様苦情センターや、ジーンズや各種プリントサービス、セクシーなビクトリアズシークレット社の下着まで、刑務所内で作られる製品やサービスの数は年々拡大しています。一〇〇〇以上の関連企業名が載っている、刑産複合体専門のイエローページ(電話帳)まであるんですよ。

連邦刑務所だけで現在、一四〇種の製品とサービスを外部企業に提供しているのですから」

「連邦刑務所にとって最大手の顧客はどこでしょうか?」

「国防総省です。特にイラク戦争以降は拡大して、サービスの半分以上を発注しています。兵士たちの食事から生活備品、防弾チョッキなどの防具、他の戦争請負会社と同様に、刑務所もまたあの戦争の継続によって恩恵を受けている企業の一つなのです」

長距離電話業者も刑務所ビジネスを拡大する業界の一つだ。一般公衆電話が上げる収益は一台につき年間約五〇〇〇ドル(五〇万円)だが、刑務所内の公衆電話ならその三倍の一万五〇〇〇ドル(一五〇万円)になる。外に電話をかける際、コレクトコールが義務づけられている囚人たちに、独占市場を手に入れた企業は相場の約三倍の電話料金を請求するからだ。その分、刑務所側にはコミッションが支払われる。刑務所内電話事業を精力的に展開する大手電話会社MCIは、刑務所内の公衆電話取り付け工事を無料でおこない、契約相手のカリフォルニア州には三二%のコミッションが支払われていた(*Wall Street Journal*, Feb. 15, 1995)。

二〇〇六年度の年次報告書の中で、連邦の刑務所事業であるUNICORのディレクターはこう述べている。

「永久的にというわけにはいかないだろうが、この戦争の継続は多くの囚人たちに素晴らしい職業訓練のチャンスを与えるだろう」

刑務所内の労働問題を取材する環境ジャーナリストのアーロン・シューマンは、UNICORの下で囚人たちが従事させられているリサイクル業務について、警鐘を鳴らす一人だ。

「UNICORが受注するパソコンのリサイクル業務について、環境保護団体をはじめとする各種市民団体が疑問を投げたのです。その内容は解体作業をする囚人たちが、鉛などの有害物質にさらされているというものでした」

二〇〇二年、アーロンが属するシリコンバレー有害物質連合(SVTC)は、カリフォルニア州マセードの最高警備刑務所内で、囚人たちが自らの手でパソコンを頭上に持ち上げては鉄製の机に振りおろす解体作業をさせられていることを明らかにした。

パソコンには、鉛をはじめ、カドミウムや水銀、亜鉛など数々の有害化学物質が含まれている。

囚人たちは防護服も保護メガネもつけず、頭上から降り注ぐガラスのかけらと有害物質をシャワーのように浴びていた。

この事実は、刑務所内の囚人による匿名の内部告発によって明るみに出た。

その結果、連邦刑務局は囚人たちを危険レベルの有害物質にさらしていることを認め、ただちに改善命令を出したことを発表した。だが、政府の特別審査会はこれが実行されたかどうかに疑いをもち、司法省に再調査を依頼している。

環境ジャーナリストの
アーロン・シューマン

これについてアーロンがサンフランシスコ・ベイ・ビュー紙に書いた記事には、こうした事実をまったく知らなかった多くの読者から、数々の反響があったという。

「調査結果はまだ出てはいませんが、ＳＶＴＣや各種環境保護団体、労働組合や僕の記事を読んだ市民からの猛烈な抗議を受け、ＵＮＩＣＯＲにパソコンのリサイクル業務を依頼していた大手企業デル社は、業務契約を取り消しました」

囚人たちを対象にした国内アウトソーシングの拡大は、国内の労働者や組合、企業にとっても脅威になる。

一九八九年、オハイオ州の州刑務所が自動車関連部品会社のウィーステック社と契約し、約六〇人の囚人が海外の大手自動車会社の車部品組み立て業務に使われていることを知ったＵＡ

W（全米自動車労組）は、刑務所労働に対する組織的抗議運動をおこなった。時給三〇ドルの組合労働者が、州へのコミッションを合わせても時給二ドルの囚人労働者に勝てるはずがない。UAWの地域ディレクター、ワレン・デイビスは「NAFTA（北米自由貿易協定）下で輸入された最安価の部品よりさらにコストの安い取り引きは、組合員の雇用を奪う暴挙だ」として、刑務所労働を激しく批判した。UAWは他の組合や州議会、メディアなどに精力的に働きかけ、同社は一九九二年に同地域の囚人労働市場から撤退した（*Business Week*, Feb. 17, 1992）。

またノースカロライナ州では、一二の州刑務所が約六五〇人の囚人を「最安価労働力」として市町村にレンタルしている（*NY Daily News*. Jan. 4, 2000）。

「実際、彼らはとても優秀な労働者なのです」

そう言うのは、通信業界の労働組合員の一人であるジャクリーン・ヴェネスだ。

「もし勤務態度が悪いと言われてクビになったら最後、奴隷のような超低賃金の重労働に転落ですからね。そして自分の後釜《あとがま》を狙う囚人は山ほどいる。非正規労働者と同じで、切られれば代わりはいくらでもいるのです。

だから必死に働くし、とても感じがいい。そこが問題なのです。私たちのような国内にいる他の労働者は、彼らに仕事を奪われてしまいます」

「競争相手になってしまうわけですね？」

「ええ、ですが状況は、今までよりももっと苛酷ですね。二〇世紀末の外注革命で現れた最大のライバルは、第三世界へのアウトソーシングでしたが、囚人たちはそれよりもはるかに強敵だからです」

「どんなところが違うのでしょう？」

「第三世界の外国人交換手は給料は安いけれど、言語の壁がネックでした。マニュアル以外のことを言われると対応できません。利用者は何分も保留モードで待たされた挙句、怒って切ってしまう。

ところが、囚人たちは英語が母国語ですから、この問題は完全に解決される。

時給が最安価なだけでなく、対応は丁寧で、サービスは速い。雇用保険は要らず、低賃金でも文句ひとつ言わないし、ストもやらなければ組合も作らない。

こんな夢のような労働力に、塀の外にいる私たち労働者も企業もどうやって対抗しろと言うんです？」

UNICORのホームページにある電話オペレーターサービスの広告には、こんなコピーが書かれているという。

「第三世界以下の低価格で国内アウトソーシングを！」

ローリスク・ハイリターン——刑務所は夢の投資先

一九九九年一二月、テキサス州ダラスのフォーシーズン・リゾートホテル内で開催された民営刑務所会議(Conference of Private Prison)の会場には、陽気な空気が満ちていた。

参加者に配布された、大手投資会社の作成したパンフレットに、躍るような文字で書かれていたのはこんな内容だ。

「まさに民営化された旧国営事業のうち、いまもっともトレンディな投資先——順調に増加する有罪判決と逮捕率が確実な利益をもたらしてくれます。急成長するこのマーケットに今すぐ投資を！」

アメリカ国内の投資家たちは、軍需産業やIT産業と並んでいま最も利益率が高く、人気急上昇の投資先として、刑務所ビジネスに注目している。

たとえば、この業界の上位三企業を見てみると、現在全米の民営刑務所の囚人のうち約半数を引き受ける最大手の全米矯正施設会社(Corrections Corporation of America CCA)は、一九九二年には八ドルだった株価が、二〇〇〇年には三〇ドルまで上昇している。ワッケンハック矯正会社（Wackenhuck Corrections Corp.）は、二〇〇〇年のフォーブス誌による全米トップ二〇〇の中小企業リストに格付けされ、エスマー社（Esmor）はたった数年で国内一〇カ所の矯正・拘置施設に事業を拡大した実績を持つ（Prison Legal News, June 1, 2000）。

カリフォルニア州サンフランシスコに住む犯罪評論家のリロイ・コーゼンは、この新しい投資先の将来性についてこう語る。

「刑務所産業複合体こそ、将来を約束された投資先と言えるでしょう。赤字を抱えた自治体や政府が教育や福祉、公共インフラ予算を削るなか、唯一刑務所の建設だけはどんどん増やされているのですから」

「犯罪率は上昇しているのでしょうか？」

アメリカ国内のメディアは、残酷な猟奇的殺人や無差別に一般人をねらった誘拐、暴力事件などを頻繁に取り上げている。

二〇〇一年以降は、「テロとの戦い」というキーワードが日常的に登場するようになった。

そうした情報を四六時中見ていれば、国民は自然と犯罪率が上昇しているイメージを持つだろう。

「いいポイントです」。リロイは言った。

「私のところにもその問い合わせはしょっちゅう来ますよ。近頃、物騒な事件が多すぎるのではないか？　警備体制はどうなっているのか？　ビン・ラディンが捕まっていないから、テロリストがどこにいるかわからない。凶悪犯の取り締まりが甘すぎるのではないか？　そんな具合にね。

ですが実際は、暴力犯罪は全体の一四％以下で、傷害犯罪は三％以下なのです。たとえば、カリフォルニア州で刑務所送りになった犯人の罪状トップスリーを見ても、上位から薬物所持、薬物販売、窃盗と、凶悪犯罪ではありません」

カリフォルニア州立刑務所

「凶悪犯罪は何位に入っているのですか？」

「上位一〇番目にも入っていません。そうした恐怖をあおっているのはメディアなのです」

二〇〇八年のＦＢＩによる全米犯罪率統計データを見てみると、リロイの言う通り、前年に比べて二・五％減っている。

一方、囚人数は一九九〇年代から毎年数パーセントずつ上昇し、二〇〇八年には連邦刑務所だけで二万五〇〇〇人増加して一六〇万人になった。加えて、地方刑務所では七二万三〇〇〇人、全米では一〇万人あたり七四〇人、ほぼ一三五人に一人が投獄されていることになる。

ちなみにこれらの数字は、アメリカよりも人口が多いにもかかわらず、囚人数約一五〇万人の中国や、人口一〇万人あたりの囚人数が六二八人のロシアなどの国をはるかに上回る(Pew Research Center on States Report, 2008)。

アメリカの総人口は世界の五%だが、囚人数は世界の二五%を占める「囚人大国」なのだ。

「カリフォルニア州だけで、一〇〇〇カ所を超える刑務所があるのです。

もっとも今年になって、シュワルツェネッガー知事が、財政難から囚人の一部を仮釈放するというニュースもありましたが、釈放したところで他の刑務所がパンクするか、仕事もセーフティネットもない状態で放り出されて、貧困と厳罰化からあっというまに再犯で戻ってくるでしょうね。

それにほとんどの州では、不況でも刑務所だけは新設されています」

「国営と民営の割合はどうなっていますか?」

「民営刑務所の占める割合は急速に拡大しつつあります。

一つには、一九九〇年代以降、州の財政が厳しくなっていることがあり、予算の約五%を占める刑務所建設事業は、州にとっても頭痛の種でした。「コスト削減と効率化」をうたう民営刑務所が巨大なビジネスと化すのに時間はかかりませんでした」

州政府にとってそれら民営刑務所の最大の魅力は、とにかくコストが安いことだという。全米の刑務所運営維持費用は年間五七〇億ドル（五兆七〇〇〇億円）を超えており、これは国の年間教育予算四二〇億ドルを上回っている。

たとえば、カリフォルニア州では、この一〇年間で大学の教職員が一〇万人解雇される一方で、刑務所の看守は一万人増員されている。

刑務所内の超低賃金労働者たち（San Francisco Bay View, Dec. 22, 2008）

一九七〇年代初めまでは、国内で最も公教育と医療福祉が充実していることで有名だった同州政府が、現在大学生一人当たりに支出する教育予算は年間六〇〇〇ドル（六〇万円）、囚人一人当たりには、その六倍弱の三万四〇〇〇ドル（三四〇万円）を支出しているのだ（Alan Elsner, *The Gate of Injustice:Crisis in American Prison*）。

「だから、財政難の解決策として国も州政府も、「官から民へ」政策に飛びついたのです」とリロイは言う。

「民営にすれば、大幅にコストを削減できますから。

たとえば、最大手の全米矯正施設会社と契約すれば、囚人一人につき一日約四三ドル（四三〇〇円）を支払うだけで、食事に医療に更生教育まですべてパッケージで提供してくれる。

これがカリフォルニア州なら、一日に六二八ドル（約六万三〇〇〇円）です。すごいコスト節約になる。需要と供給がぴったりと一致したわけです」

魔法の投資信託REIT

だが、刑務所自体にそれほど費用がかかるとすれば、国も州政府も刑務所建設予算を削減しようとしないのはなぜなのか。

「ウォール街で今もっとも価格が高騰している投資信託商品の一つ、刑務所ＲＥＩＴ（不動産投資信託）のせいですよ」

そう言うのは、マンハッタン在住の投資アナリスト、ロバート・ウィリアムソンだ。

「つまり、刑務所の建物と土地を所有してテナントに賃貸する、不動産投資信託です。この場合のテナントとは、主に州の自治体ですね。通常これらの刑務所を賃貸する場合、契約期間は一〇年で中途解約はできません。管理費や修繕費はすべてテナントもち、なんとも美味しい商売というわけです」

財政難の州政府が刑務所建設を推進することは、矛盾するように思える。だが、投資信託会社をはじめ、刑務所建設によって恩恵を受ける各業界から巨額の献金を受け、選挙公約に新規の刑務所建設を盛りこむ政治家が少なくないのだとロバートは言う。

「刑務所は地域住民には職員としての雇用機会を与え、騒音もないから周辺の環境も静けさが保たれます。囚人は収監されている刑務所の地域住民として数えられるため、国からの助成金も増える。刑務所新設は政治家にとって、公約にする正当な理由をたくさん与えてくれるのです」

「建設費用のスポンサーは誰がなるのですか？」

「ウォール街の金融大手が投資します。たとえば、民営刑務所最大手のＣＣＡはメリル・リンチやアメリカンエキスプレス、シェアソン・リーマンなどがバックアップしています。さらに〈ベッドブローカー〉という中間業者もいて、州と中間業者、ＣＣＡと投資家たち全員がもうかるしくみになっています」

アメリカの世論調査機関ピューリサーチセンターが出した二〇〇八年度の報告書によると、二〇〇七年には三六の州で連邦および州刑務所内の囚人数が増えている。

なかでも増加率がトップのケンタッキー州では、過去三〇年間における犯罪率の上昇が三％

を維持しているのに対し、刑務所内囚人数の増加率は六〇〇％だ。

『華氏911』『シッコ』などのドキュメンタリー映画で有名なマイケル・ムーア監督は、最新映画『キャピタリズム（資本主義）』のなかで、ペンシルバニアの民営更生施設を登場させている。同企業は裁判官に賄賂とともに圧力をかけ、路上で騒いだり、教師の悪口をネットに書き込むなどの行為で逮捕された若者たちに有罪判決を出させ、刑期を意図的に引き延ばしていた。

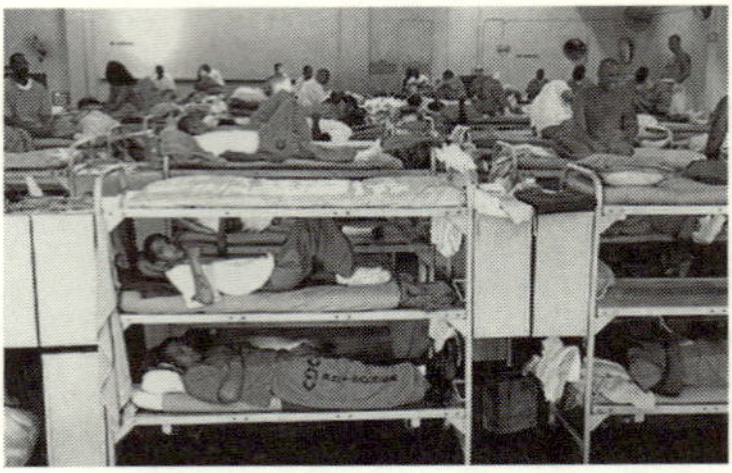

定員以上につめこまれた囚人たち（Californians United for a Responsible Budget）

若者の逮捕率の上昇は、他の多くの州でも報告されている。そして、スリーストライク法によって追い打ちをかけられた結果、次々に終身刑になる若者が増えているのだ。

「今この国のあらゆる都市で、ビルのオーナーたちが苦しめられている事実を知っていますか？　ほら、あなたの国、日本でも同じ現象が起きているでしょう？　不景気で皆家賃が払えず、テナントが全然入らないのです」

普段は広告を出せば、一週間も経たないうちにすぐ埋まってしまうマンハッタンの中心部でさえ、今は閑古鳥が鳴いている。セントラルパークを見下ろすアパートの部屋を所有する私の友人は、二〇〇八年に借主がみつからず、三カ月分の家賃を自腹で払うことになったと嘆いていた。

だが、ロバートはこう言って目を輝かせる。

「そう、そんな話はいまアメリカ国内に山ほど転がっていますよ。ですが、私たちの業界ではこう考えるのです、

誰かのピンチは、別な人間にとってのチャンスになるはずだと。

私はクライアントにこう言って勧めます。実はこのアメリカで、絶対に空室の心配がない夢の不動産があるんですよ、とね。

つねに満員で収容人数二〇〇％のところもざらにある。どんなに景気が悪くなっても大丈夫、むしろ今のように不景気になるほどに犯罪率が増え、収益が自動的に上がってくれる。

「テロとの戦い」で加速した厳罰化と警察の増員も吉と出ています。

わかるでしょう？　刑務所ＲＥＩＴは銀行やウォール街の投資家たちにとって、まさに魔法のような、ローリスク・ハイリターンの投資信託なのです」

ホームレスが違法になる

二〇〇七年から二〇〇八年にかけて、アメリカ国内のホームレス人口は一二％上昇、サブプライムローン破綻による住宅価格の下落と金融危機による不況で、家も仕事もなくした人々が一気に路上にあふれだした(The US Conference of Mayors for its Annual Hunger and Homelessness Study Report 2008)。

このホームレス人口の増加が、刑務所人口の拡大につながった。

二〇〇九年七月に国立ホームレス貧困法務局が発表した調査結果では、不況下で急激に増え続けるホームレス対策として各自治体が厳罰化を適用、ホームレスを犯罪者として取り締まり始めたことが明らかにされている。

ＮＬＣＨＰ(全国ホームレス・貧困問題法律センター)の報告書によると、警察はホームレスを徹底的に監視し、交差点以外の道路横断(Jaywalking)から始まり、公共の場をうろうろすること(Loitering)や、屋外で開封した酒類を所持すること(Open Container Law)など、ありとあらゆる小さな行動を理由に逮捕しているという。

ロサンゼルスで警官をするマリオ・ロドリゲスは、急激に上昇しているホームレス逮捕率についてこう語る。

「警察の方針が変わったのです。ホームレスに対しては特に厳しく対応しろと。ご存じのように、二〇〇一年に「テロとの戦い」が始まって以来、「治安」は国の最優先事項になり、そのための予算はいくらでもつくようになりました。

警察の使命は市民の安全と平穏な生活を守ることであり、それに全身全霊をかけるべきだと言われます。

金融危機で悪化した景気の下でホームレスの数が増えるにつれて、州は犯罪対策予算を拡大し、積極的に警官の数を増やしていきました」

二〇〇七年、ロサンゼルスがホームレスの密集する地区のパトロール要員を拡充するために投じたのは、同年のホームレス支援対策予算五七〇万ドル(五億七〇〇〇万円)を上回る六〇〇万ドル(六億円)だった。その後、三六〇万ドル(三億六〇〇〇万円)の追加予算も組まれている(World Socialist Organization Report, August, 2009)。

ちなみにもし、これらのホームレス取り締まり費用を住宅支援に使った場合、二〇〇人以上のホームレスに住居を供給することができる計算だ。

「ロサンゼルスは「ホームレスに非情な一〇の街」の第一位に格付けされている街です」と

マリオは言う。

「二〇〇六年、あの密集地区には一三四五人のホームレスが住んでいました。それがたった一年で八七五人に減ったのです。このニュースを聞いた僕の上司は、地域社会に貢献したと言って喜んでいたし、しかるべき予算を投じて市民生活を守ったとして、住民からは感謝されました」

「あなた自身はどんな風にとらえていますか?」

「正直言って、僕のなかには何か嫌な後味が残っているのです。さまざまな理由で社会から転落した彼らを、今度は僕らが拳銃や警棒で追いまわして公共の場からも追い出す。そんな仕事はどこか大きく間違っているように思うのです」

警察がホームレスを逮捕した後,所持品が路上に残された

フロリダ州オーランドで市議会が通過させたのは、公園内で二五人以上が食べ物を共有することを違法とする「炊き出し禁止令」だ。
慈善精神が根づいているアメリカでは、教会やNPOの積極的なホームレス支援活動によって、餓死者は最後の一線で食い止められてきた。

警察に追い立てられるまで炊き出しを続ける教会やＮＰＯもあったが、多くの街では明らかに炊き出しの数が減っていった。

同様の法律は、二〇〇七年にもテキサス州ダラスや、ネバダ州ラスベガスなどでも通過している。

ジョージア州アトランタでは警察が観光客を装い、小銭を求めるホームレスを次々に逮捕する政策をとり始めた。

炊き出しに並ぶホームレスたち

一五％という高い失業率、かつ「ホームレスに非情な一〇の街ランキング」にも入るミシガン州カラマズでは、公共の風景からホームレスを消去するという目標の下に、公園で寝泊まりしたホームレスは違反切符を切られるだけでなく、その後、賃貸アパートを借りることもできなくなった。

これに対し、切符を切られたホームレスと市民活動家が市を相手にいくつかの訴訟を起こしたが、それらは二〇〇八年九月にすべて敗訴、ホームレスも活動家もまとめて刑務所に送られた（World Socialist Organization Report, August, 2009）。

カリフォルニア州ハンターズポイントに住むチャック・ニーウェルは、二〇〇七年にコンピュータ技師として務めていた会社からの解雇と、住宅価格の下落によってホームレスになった一人だ。

「ホームレスになったら世界がひっくり返りました。本当に一八〇度変わる。何が変わるって、ノーバディ(誰でもない人)になるんです。

それまでは毎朝普通に会社に行って、九時から五時まで働いて、給料日に小切手をもらって家のローンをはじめとする支払いをする。余暇は釣り仲間と近くの湖に行っていました。

そんな当たり前の生活をしていたのに、ホームレスになったとたん、それまで親切だった社会に冷酷な扱いを受け始めたのです」

「たとえば、どんな対応をされましたか?」

「まずどこへ行っても、すぐ身分証明書(ID)を見せろと要求されるようになりました。今は警察がそこら中にいますから。

公園のベンチに座ってるだけでID、ドーナツ屋の前に立つだけでID、道に立っている警官と目があうとID……こんな具合で、一日に二〇回はIDを要求され、職務質問されるのです。本当にうんざりするし、プライドも傷つきます。何も悪いことをしていないのに」

「IDを見せる前と後では扱われ方は変わりますか?」

「同じです。見せたって顔色一つ変えない。連中にとってIDに印刷されてるチャック・ニーウェルという名前やそこに書かれている情報は、何の意味もないんですね。今までまじめに国や州に税金を払ってきた私が、ホームレスになった途端、まるで社会にとって価値のない存在になったと言わんばかりです」

警察に目をつけられないように、目立たない場所から場所へと移動するチャックに話しかける人はいなかった。

「その時初めて実感しました。ホームレスは風景のなかに溶けてしまうのだと。街灯や、ゴミの山と同じようにね。そしてふと、昔ニューヨークのジュリアーニ市長が、街からホームレスを一掃した時のことを思い出したのです。

あの頃マッチョであることを自負していた私は、ジュリアーニの掲げる〈ゼロ・トレランス法〉を治安維持のための素晴らしい政策だと信じていました」

ゼロ・トレランス法とは、軽犯罪を徹底的に取り締まること

インタビューに答えてくれたホームレスたち

が凶悪犯罪も含む全犯罪の抑止になるとする環境犯罪学上の「割れ窓理論」をヒントにしたもので、一九九四年にニューヨーク市長に就任したルドルフ・ジュリアーニが導入した治安対策だ。

警察の予算配分を拡大し、増員した五〇〇〇人の警官による街頭パトロールを強化し、万引きや壁の落書き、違法駐車や未成年の喫煙、交通違反をさらなる厳罰化によって取り締まり、風俗店を締め出し、ホームレスを一掃する施策がおこなわれた。

その結果、犯罪率が大幅に減って治安が回復したと言われ、ジュリアーニのこの政策は世界各地から高い評価を得たのだ。

だが実際は、ニューヨークの犯罪率は一九九〇年代初めにすでに半減している。つまり、ゼロ・トレランス法を導入する前から犯罪率は減少し始めていたことが明らかになっている。

『貧困という監獄(*Prisons of Poverty*)』の著者であり、カリフォルニア州立大学バークレイ校で比較社会学を教えるロイック・J・D・ヴァカン教授は、ゼロ・トレランス法が犯罪率を減少させたという論理の信憑性には疑問があると指摘する。

ヴァカンは、同法による厳罰化は政治的・社会的に都合の悪い人々を塀のなかに大量に囲いこむための政策だと言う。

「あの頃ジュリアーニ市長は、ホームレスを地域社会の恥だと言っていましたね」

私が言うと、チャックはうなずいた。

「ええ、実を言うと、以前は私も彼に同調していました。姉がニューヨークにいたこともあり、街の治安は心配の種だったのです。

ですが今思えば、あの政策の真のターゲットは、低賃金労働者だったように思います。

あの時、そうした階層の市民が起こすあらゆる軽度の違反行為を取り締まるために、ニューヨーク市警は巨大なコンピューターシステムを導入して、彼らの個人情報を一括管理し始めましたから」

厳罰化と警官増員が進む（IndyBay, 2009年1月15日）

「今は厳罰化についてどんな見解を持っていますか？」
「厳罰化に犯罪を減らす効果があるという理論には欠陥があると思います。今この国で急激に増えているホームレスの多くは、私のようなごく普通の労働者だからです。善良な市民が、厳罰化によって「市民を廃業」させられている。名前さえ持たない影のようになり、メディアに不安をあおられた人々の意識によって視界から消えることを望まれ、どんどん孤立化していくのです。
ホームレスになって、警察も政府も、私たちがもう一度社会に戻ることなど望んでないことがよくわかりました。公共の場から追い出し、炊き出しを違法にすれば、選択肢は刑務所以外ないのですから」

チャックは一時期政府による生活支援制度を申請し、ホームレスシェルターの一つに入ろうとしたところ、半年待ちだと言われたという。

高校周辺では生徒をつねに監視する警察の車が目立つ

「この国のシェルターはほとんどが民営化されていて、コストをぎりぎりまで下げているせいか、ひどい環境でした。需要が多いから、質を下げても希望者はいくらでもいる。だが人件費や食費を限界まで削っていて、何というか人間の住む場所じゃない。

私の入ろうとしたシェルターでは、ホームレスが一部屋にぎゅうぎゅう詰めに押しこめられ、まるで家畜小屋のようでした。

あんなところに入るために半年待つぐらいなら、万引きでもして刑務所に入っても変わらない、そんな気さえしたのです」

「生活支援制度は助けになりましたか?」

「上限五年の期間に支給の条件として課せられる就労義務があるのですが、かなり劣悪な環境と低賃金労働で本当につらく、すぐに持病の喘息《ぜんそく》が悪化して働けなくなりました。幸いにも、その頃に偶然、七年ぶりに知人と再会し、彼女が編集長を務める地方新聞社で臨時に雇ってもらえて救われました。すれすれの所で路上に戻らずにすんだのです」

ホームレスシェルターも定員オーバーで入ることができない

だが自分のように、頼れる知人や家族がいる人々ばかりではないのが現状だと、チャックは言う。

「ホームレスの一番つらいところは、自分以外の人々が皆よそよそしくなることです。政府も警察も、一般市民もね。ちょっと前まで私のように中流の暮らしをしていた人間でも、今のアメリカでは廃棄物のように処理されてゆく。誰とも会話のない日々が続いてゆくと、心が少しずつ死んでいくんです。

私は路上に放り出されて初めて知りました。赤の他人に関わることができる場こそが、社会というものなのだと」

アメリカの国民は恐怖にコントロールされている

かつて冷戦時のアメリカでは、膨れ上がる軍事予算の大義名分として「共産主義への恐怖」があおられ、軍需産業を潤わせた。

今同じように浮上した「テロや凶悪犯罪への恐怖」という新たなマーケティングが、刑務所産業複合体を巨大なビジネスに成長させている。

それに関わるさまざまな事業、前述した刑務所投資信託ＲＥＩＴや、通信会社に建設業界、さらに囚人たちを移送するための輸送業者やセキュリティ関連業界、囚人の衣食住を請け負う各種サービスや医療業界など、刑務所内の囚人数が増え続けるほどに利益を得る無数の企業が、政治家やメディア、警察や司法などへ圧力をかけるべく働きかけるのだ。

権利を持たない囚人の賃金が下げられることで、国内の他の労働者がしわ寄せを受ける。雇用する側にとってこれ以上ないほど好条件の「労働者」の存在は、一般労働者の賃金を下げるだけでなく、労働者を分断することで組合を弱体化させ、交渉力を失わせることで、労働市場全体が地盤沈下してゆく。

冒頭に出てきた元囚人のアラン・ジャクソンは、前科と借金がネックとなって就職活動がうまくいかず、結局、仮釈放期間中に食料品店で菓子パンを万引きし、累犯者として逮捕されて再び刑務所に戻された。

アランの弁護を引き受けているマイク・ウォーレン弁護士は、こう語る。

「問題は、この国の国民が恐怖にコントロールされ続けていることです。国民は「テロとの戦い」というキーワードにあおられて、膨れ上がる軍事予算と戦線拡大を黙認し、次々に現れる病気への恐怖から薬づけになり医療破産している。

警察の暴力に抗議する人々

学位がないとワーキングプアになると思いこまされ、法外な学費を払うために高利で借金をする。ホームレスになり刑務所に入ったあとも、さらなる借金スパイラルが追いかけてくる、といった具合です」

「一部の人々をのぞいて、国民すべてが借金づけになってきていますね」

「ええ、「国民総借金大国アメリカ」というわけです。一部の人々にとってみれば、より効率よく利益を生み出すシステムに近づいているとも言えますね」

過度な市場原理が支配する社会では、政治と企業はとても仲が良い。

その証拠に、どれだけ大統領の顔が変わろうとも、政府も企業も相変わらず積極的にローンを奨励し、そのための条件を緩和する政策が次々に進められている。

「そして今国民は、日常を脅かす凶悪犯罪への恐怖におどらされ、新たな刑務所建設や厳罰化を支持している。ある日突然転落した自分自身が、塀の向こうの巨大な工場を支える囚人たちの一行に加わるかもしれないことなど夢にも思わずに、です。

私たちはいい加減気づかなければなりません。こうした恐怖というものが作り出されるプロセスと、それによって恩恵を受ける存在のことを。

国とはいったい何なのか？　なぜこの国では私たちの税金が、学生よりも囚人を生み出すために使われているのか？　犯罪を減らす最大の政策は「厳罰化」ではなく、「教育」です。国の仕事は道をふみ外したものを更生させ、健やかな市民として社会に戻すこと、このシステムを作る責任は国にあるのです。問題そのものを一つの市場にして利益を得ることはまちがい以外のなにものでもない。

アメリカが直面している危機は、金融危機などではなく、人間に投資しなくなったことなのです。

この国にある「うるさくきしむ車輪ほど早く油をさされる」ということわざを知っていますか？

アメリカ人はかつてのように大声を出さなければなりません。目を開いて見るのです、政府はいったい、誰のための政治をやっているのか？　自分自身に問うのです。いったい孫たちに残したい未来は、本当にこんな形なのか」

エピローグ

アメリカのリベラル派の間でよく知られている政治小話にこういうものがある。

第三二代アメリカ大統領のフランクリン・ルーズベルトとの面談を取りつけた、ある市民運動家が、自分の提案する法案について大統領に熱心に説明する。その内容がどんなに正しいか、現状がどんなに苦しく、この案が実行されたらどれだけ社会が良くなるか。

大統領はしばらく耳を傾けていたが、最後に一言こういった。

「君の主張は正論で私も同感だ……。では、私がそれを実行できるよう君が動いてくれるかね？」

自らの主張に同意させるためにリーダーを説得するのではなく、彼がそれを実行しやすくなるように外側から働きかけることの重要さについて、ルーズベルト大統領が投げかけるこの小話は、アメリカ政治体制の真相を見事に表している。

アメリカのリベラルな雑誌の一つ『プログレッシブ』のなかで、歴史学者のハワード・ジンはいま、オバマ支持者、特に左派の人々にこう呼びかけている。

「オバマを私たちと同じ「市民」だと考えるのは間違いです。

どんなにチャーミングで元コミュニティリーダーの経歴を持っていたとしても、彼は「政治家」なのです。私たちがすべきことはオバマに白紙小切手を渡すことではなく、世論やまわりの環境を動かし、彼に軌道修正させることなのです」

就任式から一一カ月、オバマ大統領の支持率は、一月の八九・七％から過半数を割る四九％にまで低下した。

住宅価格は下がり続け、四軒に一軒は債務超過に、差し押さえ件数は五八〇万軒を超えている。差し押さえられた物件は新規で購入されるか、または投資家が現金で安く買い叩いたあげく、割高で転売し、大きな利益を上げている。

景気後退で大量の人員整理をしてコスト削減をおこなった大企業は収益率を上げているが、ジョセフ・バイデン副大統領はこれを「失業者にとっての恐慌」と表現した。株価は上昇し、ゴールドマン・サックスなど一部の金融機関は社員一人につき七〇万ドル(七〇〇〇万円)のボーナスを出している。だがその一方で、住宅の差し押さえや失業者の急増、商業物件の破綻などはますます加速しているのだ。

不況下で家や職、医療保険を失って苦しむ人々の間では、政権交代後の経済がちっとも良くなっていないという不満が拡大している。ついに一〇％を超えた失業率は二六年ぶりの危機だと言われ、オバマは全国行脚した先々で、不況に苦しむ労働者の冷たい非難をあびた。

一年三カ月もの間、職が見つからないというニューヨークの元警備員は、はき捨てるようにこう言った。

「国民生活がこんなに苦しいのに、まともな経済対策はなし。抽象的なスローガンは選挙中はいいが、政権を取ったあとは言葉より行動してもらわないと話にならない。今チェンジなんて聞いても、怒りしかこみあげてこないね」

アメリカでは失職状態が一年を超えると失業人口の統計から外されるため、彼はいま失業者の数字に入っていない。パートタイム労働者や調査前四週間以内に求職活動をしていない失業者もすべて入れた場合、現在の実態失業率は戦後最悪の一七・五％だ。

クレジットカード業界は二〇一〇年七月から施行されるクレジットカード規制法に向けて、急激に金利を上げ始めている。無所属のバーニー・サンダース上院議員はこれを、「巨額の税金で救済された金融機関が、納税者に高い金利を請求するのはおかしい」と批判した。アメリカ各地で、月々の支払いを一度も延滞したことがないのに、ある日突然、「金利が七・九％から三二・八八％に上がります」などという通知を受け取る人の数が急増しているのだ。

そんななか、ようやく実現しそうな公約も出てきている。

二〇〇九年一二月一五日、オバマはグアンタナモ収容所に拘留中のテロ容疑者一〇〇人あまりを、イリノイ州トンプソンにある最高警備体制の州刑務所「トンプソン矯正センター」に移送する計画を発表した。

ホワイトハウスの経済アドバイザーの一人は、連邦政府が囚人不足で経営難の同施設を買いあげてこの計画を実行すれば、イリノイ州に向こう四年間で一〇億ドルの経済効果と、この地域の人口の約半数にあたる三二五〇人にフルタイム雇用をもたらすだろうと言った。

失業率が一〇％を超えているイリノイ州は財政難から脱出でき、オバマはグアンタナモ収容所の閉鎖という公約をやっと実現できるだけでなく、地元選挙区の経済に貢献できるというおまけまでついてくる。政府職員である刑務所勤務は福利厚生も手厚く、地元民にも喜ばれるだろう。需要と供給がぴったり一致した、一石三鳥の計画だという(*Chicago Tribune*, Nov. 22, 2009)。

目玉公約の一つだったイラク撤退はうやむやになり、アフガニスタンの戦線は拡大を続けている。

この二つの戦争に費やした税金はおよそ九〇〇〇億ドルだが、ノーベル賞を受賞した経済学者のスティグリッツ教授はこれに帰還兵への障害手当や生活保障、軍備品費用、今後の借入金利息などを加えて、約三兆ドル（三〇〇兆円）という額を算出した。現在この二つの戦場には、正規のアメリカ軍兵士よりも多い人数の傭兵が政府の受注によって配備され、戦死者とホームレス化する帰還兵の数はますます増え続けている。

二〇〇九年一二月一日、オバマ大統領はアフガニスタンへの三万人増兵と、ＮＡＴＯに四万人の援軍を要請する計画を発表した。

メディアの中立性を推進する調査団体〈ＦＡＩＲ〉の調査によると、この戦争に関する大手新聞の論説は、戦争継続の是非ではなく、「第一線はどこの地域にするか」「戦争業務をどのくらい請負業者に任せるべきか」「最も効果的な戦い方は」など、ほとんどその戦術が中心だったという。

その数週間前の一一月中旬、デイビッド・オベイ民主党歳出委員会議長と、同党のジョン・ムルタ国防経費小委員会議長、ジョン・ラーソン幹部会議議長の三人は、新しい〈戦争税〉導入案の詳細を発表した。これによって、年間一〇〇〇億ドル（一〇兆円）の軍事費と一六〇〇億ドル（一六兆円）の民間請負会社への発注費用、計二六〇〇億ドル（二六兆円）という莫大な戦争費用が税金で賄えることになる。

オハイオ州選出のデニス・クシニッチ民主党下院議員は、この案について「すでに国民が収めた税金の大半は、国民生活のためではなく戦争に使われている」として批判した。

「国内には四二〇〇万人の飢餓人口と、四七〇〇万人の無保険者がいる。一五〇〇万人が職にあぶれ、一〇〇〇万人が家を差し押さえられそうになっている。財界へ流れた分と戦争予算のしわ寄せを受けて拡大する国内の貧困と失業者こそが、大量破壊兵器ではないか」

戦争経済を批判するデニス・クシニッチ下院議員（AP Images）

「クシニッチ議員に同感です」と言うのは、ニューヨーク州北部のニューパルツで小さな個人商店を経営するリンダ・ブラハムだ。
「戦争税は、私の店のような零細企業と中流層を直撃します。すでに借金漬けの国民にさらに増税して戦争を続けるなんて、何かが大きく狂ってる。今のオバマは、まるでイラク戦争をおしすすめていった時のブッシュ大統領とそっくりです。私は去年、地元の女性たちと一緒にオバマの選挙キャンペーンを手伝いましたが、今回本当にショックを受けて、あの時の仲間たちと集まって何日も話し合いました。いったい、いつからこうなってしまったんだろう？　あの時、未来はあんなにも明るく見えたのに、と」

「オバマが変わってしまったと？」。私が聞くとリンダはため息をついた。

「いいえ、そうではないのです。話せば話すほど、私たちは自分にとってあまり気分の良くない結論へと導かれました。問題は、オバマが反戦派で市民の味方だという私たちの思いこみの方だったのです」

だが、いままでその兆候はまったくなかったのだろうか。

「いま思えば、確かにこの一年間で何度もそうした徴候はありました。でも、私たちはそのたびに、頭に浮かんだ疑問を打ち消していったのです。就任直後にアフガニスタン増兵を発表した時は、「まだ就任して日が浅いから大目に見よう」と考え、愛国法を再承認したり教育にさらに競争を導入した時も、「前政権のマイナスがあるのだから時間がかかるのだ」と思いました。医療改革が骨抜きになっていったことも、「右派や業界の激しい抵抗にあいながら、私たちのために戦っているオバマを支持しなくちゃ」と思ったのです」

一方、サンタクルズに住む医療事務のバーバラ・ワーウィックは、医療改革法案で敗北したのはオバマではないと言う。

「敗北したのは、私たちリベラル派の方でした。単一支払い皆保険が初期に排除された時、私たちはそのことを抗議し続ける代わりに、内容的にははるかに中道の「公的保険と民間保険の抱き合わせ案」を広めることでオバマを支援する方を選んだのです。あれは間違いでした。私たちが最もリベラルな路線から外れて中道へ加わってしまったことで、国民は選択肢を失ったからです。リベラル派でいることの存在意義はそこにあるのに……。私たちはどんなことがあっても、決してぶれてはいけなかったのです」

途中で路線変更したリベラル派が支持したオバマの公的保険導入案も、二〇〇九年のクリスマスイヴに上院を通過した医療改革法案のなかから最終的に削除された。

「リベラル派として反対を貫かなかった一番の理由は何だと思いますか?」

リンダは少し考えてからこう言った。

「自分が強く信じていたものが本当はそうでないとわかった時、それを受け入れるのは辛いことです。思い入れが強ければ強いほど、違うと認めることで自分が否定されるような気がする。そんな時、人は無意識に正当化する言い訳を考えて、自分を守るんだと思います。暗黒のブッシュ時代からオバマに政権交代したことのインパクトが大きすぎたのかもしれません。あれで自分たちの役目が終ったかのような錯覚におちいっていたのです。今思えば、「政権交代」

はチェンジのスタート地点にすぎなかったのに。リベラル派の人々の多くが、いまだにオバマが何かを変えてくれるんじゃないかと期待しているのはそのためです」

エンターテイメント性あふれるしかけで人々を感動させ、支援者を拡大して当選という目的をみごと果たしたことが評価され、二〇〇八年マーケティング大賞を受賞した〈オバマ選挙〉。オバマというブランドを手にした人々は、未来は明るいのだという希望と引き換えに、一票を差し出した。ブランドはイメージがすべてだ。たとえモノ自体が同じでも、モデルと演出を変えることで、結果は出せる。

調査ジャーナリストのナオミ・クラインは、著書『ブランドなんかいらない〈*No Logo*〉』のなかで、かつて一九六〇年代に、女性の権利運動や人種差別運動が巨大企業のマーケティングに飲みこまれていった様子を書いた。その流れはやむどころか、むしろ加速しているのだ。

「「我々は何でも支持する」では，だめなのです」と語るロン・ポール下院議員（AP Images）

オバマ選挙というビッグイベントで、アメリカの有権者が失ったものとは何なのか。

これについて、リバタリアン〈自由至上主義者〉で、かつイラク戦争に一貫して反対し続け、大統領選挙に途中まで出馬していたロン・ポール共和党下院議員は、こう語る。

「あの選挙で、口をふさがれたのは他でもない左派の人々でしょう。「我々は何でも支持する」では、だめなのです。それはちょうど前政権で、「大統領が何を言おうと彼を支持する」と数多くの保守主義者が言ったのと同じです。私は左派の人々にいま、党派を拠り所にする誘惑に屈しないでほしいと伝えたいのです」

戦争経済の拡大に大企業への巨額な税金投入、愛国法や監視社会化の強化、学費の値上げなど、確かにこの一年オバマ政権がおしすすめてきた政策をはばむ存在は国内のリベラル派だろう。

だが、このことに気がつき、すでに行動を起こし始めた人々もいる。

新しいものに飛びつくのは速いが、見限るのも早い若者たちは、オバマがあてにならないとわかると、すぐさま自分たちでネットワーク作りと組織化を強化し始めた。たった一年で全米約四〇〇カ所に支部を広げた〈キャンパス・プログレス〉や、若者のための政治団体であるMAYをはじめ、政治に影響力を持つ高齢者ロビイスト団体のAARPに対抗するこれらの若者団体が掲げるのは、学費や雇用などピンポイントなテーマが多い。

MAYのメンバーの一人はこう語る。

「黙って不満を言っているだけでは、政治は若者のために動いてなどくれません。オバマ選挙は楽しかったけど、その後チェンジは来なかったところをみると、あれは他のファッションイベントと大差ないものでした。僕らにできることは、幅広く組織化すること、そして自分たちの仲間を議会に送り出して、若者代表として政策のテーブルにつかせることですね」

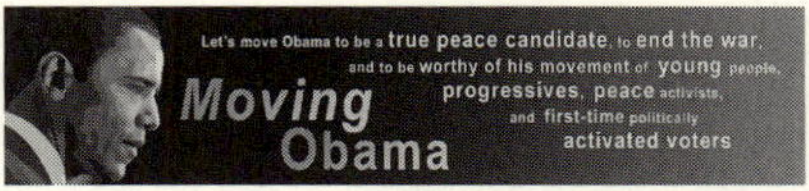

女性反戦団体〈コード・ピンク〉はオバマを戦争をしない大統領にするための活動を続けている

「次の選挙ではどこを一番重視しますか？」

「政治資金の出所です。オバマ選挙とその後の一年で一番学んだのはそこでした。この国では一票とは一有権者のことではなく、一ドル紙幣なんだってこと。この一年、税金が湯水のように使われた業界は、すべてあの選挙でトップ献金者リストに入っています。僕ら有権者は大統領だけでなく、連邦議員全員に献金元を問うべきでしょう。そこがおかしければ、政治資金法を変えなければなりません」

二〇一〇年一月、米連邦最高裁は選挙資金についての大幅な規制緩和を僅差で可決。この結果、大企業による選挙への直接資金提供に上限はなくなり、外国企業からアメリカの選挙への直接介入が事実上可能になった。次の選挙では、企業の大幅減税を主張する候補者が激増するだろう。

ネット世代の若者たちの武器は〈スピード〉。〈IT〉、そして〈数の力〉だ。

教師たちは、経済徴兵制につながる〈落ちこぼれゼロ法〉の廃案を掲げ、全米各地で州を相手に訴訟を起こしている。加速する競争によって分断された親や生徒たちと彼らとの間を再びつなぎ始めているのは、国の未来にとって教育への投資がいかに大切であるかというメッセージだ。

選挙中から熱心にオバマ支持を訴えていた女性反戦団体〈コード・ピンク〉は、二〇〇八年に出していた「オバマを大統領に!」の代わりに、「オバマを動かせ(Move Obama)」という新しいスローガンを立ち上げた。

メンバーの一人であるケイト・コリウェルは、この一年を振り返ってこんな風に言う。

「繰り返し発表されるアフガニスタン増兵で、私たちはオバマに大きく失望しました。ロン・ポール下院議員が左派は取り込まれてしまったと言った時、他の仲間と同様、私も初めは「そんなことはない」と言って反論したのですが、いま思うと確かに、選挙以降、私たち反戦団体はかなり静かになってしまっていたように思います。あのすばらしい選挙が、私たちを取りこむよう設計されていたとは思いたくないですが……。

でも考えてみれば、かつて私たちの先人たちは、たえず働きかけ、活動し、組織化し、必要なときには反乱さえして歴史を変えてきた。私たち有権者の役割が、選挙中よりむしろそのあとの方が大きいということを、改めて思い出しました」

「今後は何を目指していきますか?」

「私たちのキャンペーンは、オバマに戦争をしない大統領に変わってもらうことであるべきだったのです。ノーベル平和賞の名に恥じないように、そして初めて政治に目覚めた若者や、私たちのような平和活動家、社会的マイノリティたち、そして彼を信じた普通の有権者が支えたあの運動に応えられるように変わってもらうこと。フランクリン・ルーズベルトの小話のように、社会のなかでそのための環境を作るために、私たちは動き続けます」

ケイトたちはこれから、全米で同じ思いを共有する人々のところにでかけていって、それらの人々と立場を超えて連携してゆくつもりだという。

入会の条件がピンク色の服を身につけることだという〈コード・ピンク〉。

その鮮やかなピンク色が、キャンバスを染めるように、今後アメリカ各地に広がってゆくだろう。

そして彼女たちと同じように、もう決して立ち止まらないと決めたたくさんの国民と結びつき、一年前とは別の新しいうねりとなるだろう。

二〇〇八年一一月、勝利を手にしたオバマ大統領が群衆を前にして言ったメッセージ。

「今日、アメリカに変化が訪れた」

チェンジは待つものではなく起こすものだという人々が、リーダーに丸投げする代わりに自らのビジョンを描き、未来を創るプロセスに参加し始めた時、真のチェンジは訪れるのだろう。

あとがき

この本の最終原稿を書いている頃、マイケル・ムーア監督の最新映画『キャピタリズム(資本主義)』の日本公開が始まった。

一部の強欲なウォール街幹部たちが、アメリカ国民の富を吸い上げるマネーゲーム。同じくこの映画を見たという友人と電話で話している最中、彼女がふとこんな質問をした。

「アメリカは、あの悪者ブッシュを追い出してオバマ大統領になったのに、なぜ状況は前よりも悪くなっているの？」

それは今年になってから、最も多く耳にした質問だった。彼女はその答えが映画に出てくると思って観たらしいのだが、監督自身が熱心なオバマ支持者ということもあってか、ブッシュ大統領が繰り返し現れた前作と違い、今回オバマ大統領はあまり登場してこない。

前著『ルポ　貧困大国アメリカ』の取材を通して見えたのは、ハリケーン・カトリーナや肥満児童、医療難民にサブプライムローン問題、そして経済徴兵制といった個々の問題をつなぐ

「行き過ぎた市場原理」というキーワードだった。

その後アメリカではリーマン・ショックが起き、国民は政権交代で新しい大統領に希望を託し、私はオバマ後の貧困大国を取材し始めた。

前回取り上げた個々のテーマは新政権の下でむしろ悪化していたが、今回気になったのは、取材したアメリカ国民の多くが、怒りとともにつぶやいた言葉の方だ。

「あの時確かに手ごたえを感じたはずのチェンジは、どこにいったのか？　いったい私たちはどこで見誤ったのだろう？」

ますますスピードが加速する社会のなかで、情報は昔よりずっとそぎ落とされ、仕分けされ、わかりやすい形で差し出されるようになった。だが、一人の人間をひとことで言い表すことが難しいように、人間が引き起こす出来事を単純化することには限界がある。

高速でやってきては流れ去るニュースは、皮膚感覚で感じることはできても、それ以上つかもうとするほどに、実態が見えなくなってしまう。

たとえば被害者と加害者。わかりやすく描かれた善と悪。

見るからに悪玉ではない、一見真面目そうなリーダーが生まれた時に、私たちはより本質的な部分で試される。わかりやすい悪のイメージを持つ人物は情緒的に叩けるが、とても魅力的だったりカリスマ的な人物の場合、今度はその中身をメディアがどう報道するか、私たちがどう受け取るかという、こちら側の目が問われるからだ。

取材中、多くのアメリカ国民の口から出た、「チェンジという言葉に熱狂し、選挙後は政治に背を向けてしまった」「前政権の時ほどに、政治の矛盾を追及しなくなってしまった」などの言葉は、アメリカのあとを追って同じように政権交代を果たした日本の私たちにとっても、決して他人事ではないだろう。

あの選挙キャンペーンの終盤、七〇〇〇億ドルの税金を投じる「ウォール街救済法」が聴聞会なしに審議され、立法過程の実質的な棚上げに多くの下院議員が抗議の声を上げていたことや、目玉公約の医療改革法案から、ある選択肢だけが排除されていたこと、アメリカ国民が知らなかった数多くの事実が、そぎ落とされ、あるいは別のもっとわかりやすいものにとって代わられ、日常のなかで埋もれていったそのしくみに国境はない。

医療破産したある女性は、取材のなかで私に言った。

「一番こわいものはテロリストでも大不況でもなく、いつの間にか私たちがいろいろなことに疑問を持つのをやめ、気づいた時には声すら自由に出せない社会が作られてしまうことの方かもしれません」

いま私たちが直面している、教育に医療、高齢化に少子化、格差と貧困、そして戦争といった問題をつきつめてゆくと、戦争の継続を望む軍産複合体を筆頭に、学資ローンビジネス、労働組合や医産複合体、刑産複合体など、政府と手を結ぶことで利権を拡大させるさまざまな利益団体の存在が浮かびあがってくる。世界を飲みこもうとしているのは、「キャピタリズム（資本主義）」よりむしろ、「コーポラティズム（政府と企業の癒着主義）」の方だろう。

莫大な資金が投入される洗練されたマーケティング。デジタル化するメディアがそれを後押しする時、そこから身を守るために私たちには何ができるのか？

今回取材を通して出会ったたくさんのアメリカ市民が、そのヒントをくれたように思う。大きな力に翻弄される政局のなか、党派にかかわらず勇気を持っておかしいと声を上げ続ける議員たちや、期待と逆行する現実に失望するリベラル派に連携を呼びかける保守派の人々。敵対していた親たちに向かって、子どもたちのためにもう一度同じものを目指そうと手を差し出す教師たち、過剰労働の合間に無償治療を提供しながら、いのちの商品化を止めようと議会にのりこんでゆく医師団、どうせ裏切られるのだと距離を置いてきた政治の世界に、自ら参加し始めた若者たち。情報の洪水のなか、手つかずの真実を届けようと体を張るジャーナリストやNGO。リーダーを動かすために自分たちが変わろうという意志のもとで新たに生まれたスローガン、「オバマを動かせ(Move Obama)」。

大統領候補の一人だったラルフ・ネーダーは、なぜ当選の見込みが薄いのに繰り返し立候補するのかという私の問いに、こう答えた。

「国は一、二度の政権交代では変わらない。国民の判断で、その洗礼を繰り返し受けることで初めて、政治も社会も成熟してゆくのです。本当の絶望は、国民が声をあげなくなった時にやってくる。そうならないための選択肢を差し出すために、私は出馬し続けるのです」

大統領の肌の色ではなく、ごく普通の人々の意識のなかにもたらされたチェンジが、貧困大国アメリカの未来を、微かに照らし始めている。

民主主義はしくみではなく、人なのだ。

この本を書くにあたり大変お世話になった岩波新書編集長の小田野耕明氏には、本当に感謝しています。どんな時でも穏やか、かつスピーディに対応して下さるその姿勢に何度も助けられました。アメリカで取材に協力してくれたたくさんの人々、各地から励ましのお手紙やメールを下さった方々、いつもそばで支えてくれる大切な家族、そしてこの本を最後まで読んで下さった読者のみなさま、私たちがとるささやかな行動のすべてが、最後には必ず国を、社会を変えることを信じ続ける仲間たちへ、愛をこめて。

二〇〇九年一二月

堤　未果

堤 未果

東京生まれ．ニューヨーク市立大学大学院国際関係論学科修士号取得．国連婦人開発基金(UNIFEM)，アムネスティ・インターナショナル・NY 支局員を経て，米国野村證券に勤務中，9・11 同時多発テロに遭遇．以後，ジャーナリストとして各種メディアで発言，執筆・講演活動を続ける．

著書―『グラウンド・ゼロがくれた希望』(ポプラ社，のち扶桑社文庫)，『報道が教えてくれないアメリカ弱者革命』(海鳴社，黒田清・日本ジャーナリスト会議新人賞)，『ルポ 貧困大国アメリカ』(岩波新書，日本エッセイストクラブ賞，新書大賞2009)，『社会の真実の見つけかた』(岩波ジュニア新書)，『㈱貧困大国アメリカ』(岩波新書)，『政府は必ず嘘をつく 増補版』(角川新書)，『日本が売られる』(幻冬舎新書)，『デジタル・ファシズム』(NHK 出版新書)，『「平和な国」日本の裏側』(経営科学出版)，『国民の違和感は9割正しい』(PHP 新書)ほか

ルポ 貧困大国アメリカⅡ　　岩波新書(新赤版)1225

2010 年 1 月 20 日　第 1 刷発行
2025 年 1 月 24 日　第 18 刷発行

著 者　堤《つつみ》 未果《みか》

発行者　坂本政謙

発行所　株式会社 岩波書店
〒101-8002 東京都千代田区一ツ橋 2-5-5
案内 03-5210-4000　営業部 03-5210-4111
https://www.iwanami.co.jp/

新書編集部 03-5210-4054
https://www.iwanami.co.jp/sin/

印刷・理想社　カバー・半七印刷　製本・中永製本

ISBN 978-4-00-431225-3　　Printed in Japan

岩波新書新赤版一〇〇〇点に際して

ひとつの時代が終わったと言われて久しい。だが、その先にいかなる時代を展望するのか、私たちはその輪郭すら描きえていない。二〇世紀から持ち越した課題の多くは、未だ解決の緒を見つけることのできないままであり、二一世紀が新たに招きよせた問題も少なくない。グローバル資本主義の浸透、憎悪の連鎖、暴力の応酬——世界は混沌として深い不安の只中にある。

現代社会においては変化が常態となり、速さと新しさに絶対的な価値が与えられた。消費社会の深化と情報技術の革命は、種々の境界を無くし、人々の生活やコミュニケーションの様式を根底から変容させてきた。ライフスタイルは多様化し、一面では個人の生き方をそれぞれが選びとる時代が始まっている。同時に、新たな格差が生まれ、様々な次元での亀裂や分断が深まっている。社会や歴史に対する意識が揺らぎ、普遍的な理念に対する根本的な懐疑や、現実を変えることへの無力感がひそかに根を張りつつある。そして生きることに誰もが困難を覚える時代が到来している。

しかし、日常生活のそれぞれの場で、自由と民主主義を獲得し実践することを通じて、私たち自身がそうした閉塞を乗り超え、希望の時代の幕開けを告げてゆくことは不可能ではあるまい。そのために、いま求められていること——それは、個と個の間で開かれた対話を積み重ねながら、人間らしく生きることの条件について一人ひとりが粘り強く思考することではないか。その営みの糧となるものが、教養に外ならないと私たちは考える。歴史とは何か、よく生きるとはいかなることか、世界そして人間はどこへ向かうべきなのか——こうした根源的な問いとの格闘が、文化と知の厚みを作り出し、個人と社会を支える基盤としての教養となった。まさにそのような教養への道案内こそ、岩波新書が創刊以来、追求してきたことである。

岩波新書は、日中戦争下の一九三八年一一月に赤版として創刊された。創刊の辞は、道義の精神に則らない日本の行動を憂慮し、批判的精神と良心的行動の欠如を戒めつつ、現代人の現代的教養を刊行の目的とする、と謳っている。以後、青版、黄版、新赤版と装いを改めながら、合計二五〇〇点余りを世に問うてきた。そして、いままた新赤版が一〇〇〇点を迎えたのを機に、人間の理性と良心への信頼を再確認し、それに裏打ちされた文化を培っていく決意を込めて、新しい装丁のもとに再出発したいと思う。一冊一冊から吹き出す新風が一人でも多くの読者の許に届くこと、そして希望ある時代への想像力を豊かにかき立てることを切に願う。

（二〇〇六年四月）